Dr. Christoph Hermsen

Statistischer Versuchsaufbau (DOE)

Katapult Praxishandbuch

Statistik wird zum Leben erweck!

Dr. Christoph Hermsen
Statistischer Versuchsaufbau (DOE) - Katapult Praxishandbuch
1. Auflage 2020

Impressum:
© 2020 Hermsen, Christoph
Herstellung und Verlag: BoD – Books on Demand, Norderstedt
ISBN: 9783752824070

Statistischer Versuchsaufbau
- DOE -

– verstehen, anwenden und umsetzen –

Dr. Christoph Hermsen
Hochschule Fresenius – Wirtschaft und Medien

Spaß mit Statistik!

Lebendige Statistik –
Lösungen für der Praxis

Dieses Lern- und Arbeitsbuch zeigt, dass die Anwendung von Statistik und Qualitätsmanagement Spaß machen kann!
Es lädt dazu ein, die meist als „trocken" empfundene Statistik praxisnah umzusetzen.
Interesse wecken, handlungsorientiertes Lernen der Teilnehmer, gemeinsam im Team aktiv sein und Ziele erreichen. Lernen, wie es begeistert!
Im Rahmen der praxisorientierten Vermittlung von betriebswirtschaftlichen Fragestellung für Jedermann, insbesondere im Bereich des Qualitätsmanagements, stellt das Katapult eine sehr erfolgreiche Methode dar. Einerseits wird theoretisches Wissen erlernt und gleichzeitig umsetzungsorientiert angewendet.
Ziel ist es, statistisch-/mathematischen Methoden und analytische Fähigkeiten zur Problemlösung und Entscheidungsfindung ein- und umzusetzen.
Dies mit Spaß, als stressfreies Lernen, und 100% Praxisbezug.
Formeln werden so zu Helfern bei Problemen und Entscheidungen. Probleme sind mit statistischen Methoden zu lösen und können sofort umgesetzt werden.
Hier wird erlebt, wie Statistik helfen kann!
Keine Formelsammlung und „trockene" Theorie, sondern erlebte Wirklichkeit als aktive Problemstellung und erarbeiten von Lösungsstrategien.
Durch das Design of Experiments (DOE, statistische Versuchsplanung) mit dem Katapult können komplexe Prozesse einfach beschrieben, erfahren und optimiert werden. Durch die kontinuierliche Veränderung von Variablen werden Chancen, Risiken, Störfaktoren und Einflussfaktoren erkannt und durch die direkte Umsetzung in die Praxis überprüft und anschließend bestätigt oder verworfen. Der Versuchsaufbau bietet durch die statistischen Methoden und die Nähe zur Realität viel Spaß sich den authentischen Problemen anzunehmen und Lösungsstrategien zu entwickeln.

Statistik wird zum „Leben erweckt"!

Arbeiten mit Tabellenkalkulation und statistischen Formeln

Alle Beispiele und Berechnung haben wir, um der betrieblichen Praxis zu entsprechen, in Tabellen einer Tabellenkalkulation dargestellt. Bewusst wurde auf den Einsatz von speziellen statistischen Programmen verzichtet, da diese in der betrieblichen Praxis häufig ein Nischendasein fristen.

Auch wenn einige Lösungsvorschläge mit spezifischer Software schneller und eleganter zu lösen sind, stellt eine Tabellenkalkulation aufgrund seines hohen Verbreitungsgrades für uns DIE Top-Anwendung für das „Management von Zahlen" dar.

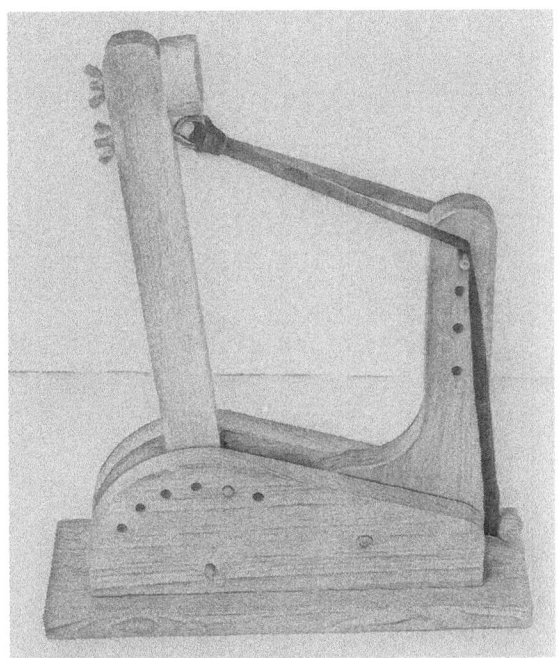

Im Rahmen dieses Praxishandbuches wurden unterschiedliche Vorschläge für Experimente mit dem Katapult erstellt. Es dient als Orientierungshilfe und einen schnellen Einstieg.

Diese Buchversion basiert auf einer tiefergehenden Veröffentlichung von Hermsen, C. (2020), Qualitätsmanagement und Statistik in der Praxis – Design of Experiment (DOE) und das Katapult, www.interquality.de.

Alle Formeln für eine Tabellenkalkulation wurden auch als Klartext dargestellt und ermöglichen die direkte Nachvollziehbarkeit bzw. manuelle Formeleingabe.

Alle Erlöse aus dieser Veröffentlichung werden an gemeinnützige Einrichtungen gespendet.

Vorwort

Über mehrere Jahre wurde in diversen Veranstaltung der DOE-Ansatz mit dem Katapult an der Hochschule Fresenius im Rahmen des Studienganges Wertschöpfungssysteme und dem Masterstudiengang General Management als Praxisbeispiel eingesetzt.
Mein besonderer Dank gilt Herrn Prof. habil. Dr. R. Neuhaus an der Hochschule Fresenius am Standort in Düsseldorf für die Initialzündung. Aus diesem Konzept hat sich dieses Praxisbuch entwickelt. Gemeinsam mit Frau M. Muckel wurden diverse Veranstaltungen mit Studenten und Praktikern durchgeführt. Die Erfahrungen dieser Zeit haben nachhaltig dieses Praxisbuch mitgeprägt.
Im Rahmen einer sehr fruchtbaren Kooperation mit der Fa. InterQualiy Architekten GmbH aus Augsburg gilt mein besonderer Dank Frau S. Pfister für Ihre Unterstützung und ihre Ideen und Anmerkungen, welche wesentlich mit zum Entstehen beigetragen haben.

Frau Naumann und Frau Lau haben während Ihrer Tätigkeit als studentische Hilfskräfte im Bereich Wirtschaft und Medien der Hochschule Fresenius durch ihre Arbeitsbeiträge und Impulse zum Erstehen dieser Veröffentlichung mit beigetragen.
Die nachfolgenden Ausführungen basieren u.a. auf einer Veröffentlichung von Bill Russel, 5. Auflage, Januar 2009, Breakthrough Improvement Associates. Die Grundlagen bzgl. Funktionsweise und Aufbau des Katapultes wurden teilweise aus dieser Veröffentlichung übernommen. Fallbeispiele und Tabellen dieser Veröffentlichung wurden in Excel dargestellt und grundlegend verändert und erweitert. Die Beschreibungen der statistischen Methoden wurden teilweise als Anwendungsbeispiele übernommen und entsprechende Excel-Funktionalitäten hinzugefügt und ergänzt.

Auf Erläuterung und Beschreibung mathematischer Ableitungen und statistischer Hintergründe wird bewusst verzichtet und auf die ergänzende Literatur verwiesen. Statistische Funktionen werden NUR angewendet und die Ergebnisse in Maßnahmen zur Verbesserung eingesetzt.
Ebenso wurde auf gesonderte Literaturangaben zu den einzelnen statistisch/mathematischen Grundlagen und Analysemethoden der Übersicht halber verzichtet. Im Literaturverzeichnis sind Veröffentlichungen mit den entsprechenden Grundlagen und weiterführender Literatur für den interessierten Leser aufgeführt.

Autor

Dr. Christoph Hermsen, Hochschuldozent für Rechnungswesen und Controlling an der Hochschule Fresenius, Forschungsschwerpunkte: Cloudbasiertes Prozessmanagement, Steuerung globaler Unternehmen und digitales Immobilienmanagement/M&A, Studium der Wirtschaftswissenschaften an der Universität Duisburg-Essen mit anschließender Promotion an der Universität St. Gallen, Schweiz. Über 25 Jahre Führungs- und Managementerfahrung in produzierenden, internationalen Industrieunternehmen, mehrjähriger Auslandsaufenthalt in den USA und umfangreiche Auslandseinsätze in Nordamerika, Asien und Osteuropa.

Dr. Christoph Hermsen
Dozent für Betriebswirtschaft (Rechnungswesen und Controlling)

Hochschule Fresenius · Fachbereich Wirtschaft & Medien
Business Academy Fresenius · Business School · International Business School · Media School · Psychology School
Platz der Ideen 2 · D-40476 Düsseldorf

Tel. +49 (0)211 436915-47 · Fax: +49 (0)211 436915-10
christoph.hermsen@hs-fresenius.de · http://www.hs-fresenius.de

Inhaltsverzeichnis

Lebendige Statistik!	2
Arbeiten mit Tabellenkalkulation und statistischen Formeln	3
Vorwort	5
Inhaltsverzeichnis	9
Abbildungsverzeichnis	12
Qualitätsmanagement und Statistik	15
1 Qualitätsmanagement und Statistik	15
1.1 Katapult: Praxisgerechte Lernmethode	15
1.1.1 „Trockene" Statistik und mathematische Formeln	15
1.1.2 Lebendige Statistik	16
1.2 Vorstellung: Das Katapult	18
1.3 Steuerbare Variablen	21
1.4 Katapult: Versuchsaufbau und Durchführung	23
1.5 Erste Experimente: Handlungsorientiertes Lernen	26
1.5.1 Experiment: Muster für Arbeitsauftrag	27
1.5.2 Experiment 1 Beispiel	29
1.5.3 Experiment 2	31
1.5.4 Experiment 3	33
1.5.5 Ergebnisse Experiment 1-3 - Zwischenergebnisse	36
1.5.6 Experiment 4	38
1.5.7 Experiment 5	41
1.5.8 Experiment 6	44
1.5.9 Experiment 7	46
1.5.10 Experiment 8	48
1.5.11 Experiment 9	51
1.5.12 Experiment 10	53

1.6	Auswertungs- und Darstellungsmöglichkeiten	55
1.6.1	Grafische Darstellungsformen	55
1.6.2	Beispiel 1	56
1.6.3	Vergleich von zwei unterschiedlichen Wurfbällen	58
1.7	Regression und Prognose	61
1.7.1	Vorlagen verwenden	61
1.7.2	Experiment 11	62
1.7.3	Beispiel 2	64
1.7.4	Ausreißer ermitteln, Regression verbessern	68
1.7.5	Beispiel 3	69
2	Prozessanalyse und Prozesssteuerung	75
2.1	Ursache und Wirkung: Fischgrätendiagramm	75
2.2	Prozessstabilität und Verbesserung	78
2.3	Zielerreichung und Normalverteilung	81
2.3.1	Experiment 12	84
2.3.2	Beispiel 4	86
2.3.3	Experiment 13	88
2.3.4	Beispiel 5	90
2.3.5	Experiment 14	92
2.4	t-Test	95
2.4.1	Wirkung einer Maßnahme	95
2.4.2	Beispiel 6	96
3	Steuerbare Variablen des Katapultes	101
3.1	Gummiband	101
3.2	Katapultstabilität	102

4	Sicherheit	105
5	Excel Anwendungsbeispiele	109
5.1	Excel-Ausreißertest	110
5.2	Histogramm mit Excel	113
5.3	t-Test mit Excel	116
5.4	Regressionsanalyse mit Excel	119
5.5	Korrelation mit Excel	125
Literaturverzeichnis		127

Abbildungsverzeichnis

Abb. 1:	Katapult	16
Abb. 2:	Einstellmöglichkeiten des Katapultes (Parameteroptionen)	19
Abb. 3:	Grundfunktionen	21
Abb. 4:	Parameteroptionen	22
Abb. 5:	Beispielhafte Raumgestaltung und Versuchsaufbau	24
Abb. 6:	**Messung und Versuchsaufbau als „Tapetenraster"**	25
Abb. 7:	Parameter für die Experimente	26
Abb. 8:	Excel Menü: Diagramm einfügen	55
Abb. 9:	Fischgrätendiagramm	76
Abb. 10:	Beispiel einer Fixierung des Katapulttisches	77
Abb. 11:	Beispielhafte Lösung zur Reduzierung der Laufwege und Ladezeiten	80
Abb. 12:	Parameter Excel Formel Normalverteilung	82
Abb. 13:	Beispiel der Verteilung der Schussweiten mit der Normalverteilung bei einem 2. und 8. Versuch	83

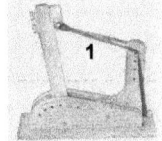

Qualitätsmanagement und Statistik:
Problemlösung live anwenden

1 Qualitätsmanagement und Statistik

1.1 Katapult: Praxisgerechte Lernmethode

1.1.1 „Trockene" Statistik und mathematische Formeln

Statistik, jeweils in unterschiedlichen Ausprägungsformen und Schwerpunkten, ist in sehr vielen Studiengängen oder beruflichen Fachausbildungen als Pflichtfach und/oder Grundlagenveranstaltung vorzufinden. Unzählige Studenten/Teilnehmer haben während ihres Studiums/Weiterbildungen diese Fach in der Vergangenheit absolvieren müssen. Daher sollten die Einsatzmöglichkeiten einer entscheidungsunterstützenden Statistik bekannt und betriebliche Praxis sein.

Betrachtet man die heutige Realität an einigen Hochschulen, stellt man fest, dass die Statistikveranstaltungen an Nachmittagen **„sehr dünn besetzt sind"** und bei vielen Studenten aufgrund des „trockenen Stoffes und Formellernens" teilweise sehr unbeliebt ist. Statistik wird dann als **„Pflicht"** verstanden, die absolviert werden muss und für die Praxis keine Bedeutung hat.

Statistik hat damit nicht nur ein Imageproblem. Ein wichtiges Werkzeug im Rahmen der betrieblichen Entscheidungsfindung geht damit zukünftig dem verantwortlichen Management in der betrieblichen Praxis verloren!

Daher stellt sich die Frage, wie kann vermittelt und verstanden werden, welche wichtige Entscheidungsunterstützung statistische Methoden in der betrieblichen Praxis haben können?

Wie kann statistisches Know-how vermittelt, angewendet und umgesetzt werden?

Welchen wichtigen Beitrag kann Statistik bei der Prozessverbesserung eines Qualitätsmanagements liefern?

Wie können bessere, auf Fakten basierte Entscheidungen getroffen werden?

Neue Image-Initiativen oder computerunterstützte Statistik alleine hat bisher keinen Erfolg gebracht. Gesonderte Statistiksoftware mit anwendungsfreundlichen grafischen Benutzeroberflächen sind zwar hilfreich, aber die mathematische Grundlast und die teilweise Abstraktheit der Formeln wird damit nicht behoben.

Lebensfremde Daten werden nach wie vor in Statistikveranstaltungen in Formeln verarbeitet und berechnet. Ergebnisse werden als Zahlenwerte ermittelt und mit richtig/falsch eingestuft. Das war es dann!

1.1.2 Lebendige Statistik

Mit dem Einsatz einer statistischen Versuchsanordnung, wie dem Katapult, kann das Lernen und Anwenden von Statistik grundlegend verändert werden.

Eine betriebliche Fragestellung im Rahmen des Qualitätsmanagements wird mit dem Katapult simuliert. Die Teilnehmer sollen mit der Verwendung des Katapultes bestimmte Schussweiten für unterschiedliche Bälle erreichen und dies mit den Ansprüchen des Qualitätsmanagements, zuverlässig mit geringen Abweichungen. Jede erreichte Weite im Zielkorridor gilt als Qualitätsprodukt und Abweichungen davon sind Ausschuss im Sinne einer Produktion. Also die Qualität stimmt dann nicht und es entstehen Kosten für das fiktive Unternehmen.

Ein überschaubarer Prozess, der unmittelbar für die Teilnehmer verständlich ist. Ein gemeinsames Ziel soll erreicht werden: Hohe Qualität = Hohe Treffsicherheit.

Damit hat sich eine klassische Statistikveranstaltung grundlegend geändert.

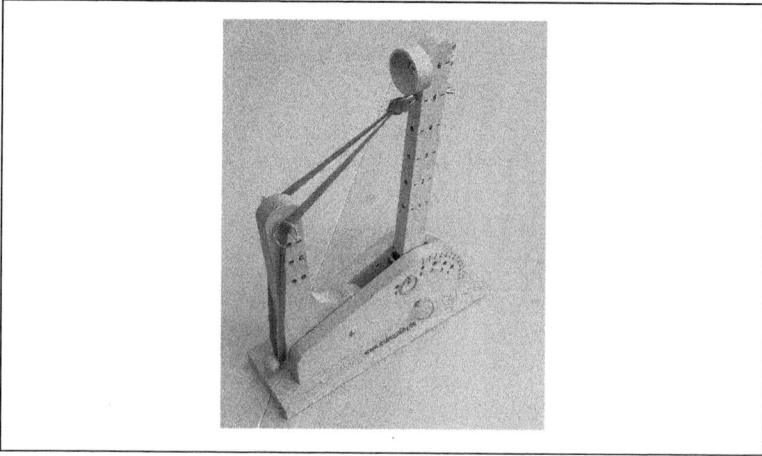

Abb. 1:   Katapult

Aus einer „Statistik-Vorlesung" wird ein praxisrelevantes Managementtraining durch:

- Zuhörer zu **Teilnehmern** machen!
- Formelberechner zu **Problemlösern** machen!
- Einzelleistung zu **Teamperformance** machen!
- Notenempfänger zu **Zielerreichern** machen!
- Statistikformeln zu **Entscheidungswerkzeugen** machen!
- Theoretische Reproduktionsleistung zu **praktischem Anwenden** machen!

Durch die Anwendung des Katapultes wird erreicht, dass die Teilnehmer ein gemeinsames Problem lösen, welches aus einer einfachen Aufgabenstellung adressiert werden kann:

„Katapultieren Sie einen Ball 2,30 m!"

Eine einfache Aufgabenstellung die sofort verstanden werden kann. Die Umsetzung und das Erreichen einer „best practice" sind das Ziel.

Das Katapult sollte mit mehr als 2 Teilnehmern bedient werden und die Performance bildet als direkte Abweichung vom Ziel, hier 2,30 m, ein objektiv messbares Ergebnis. Das unmittelbare Feedback, die erzielte Weite, zeigt dem Team die Zielerreichung auf. Die Zielerreichung ist damit unmittelbar erkennbar und beinflussbar. Ist das Ziel verfehlt, müssen Entscheidungen getroffen werden, wie das Ziel zu erreichen ist. Diese Entscheidungen sind als Team zu treffen und anschließend umzusetzen. Erneute Schussversuche zeigen, ob die Maßnahmen Wirkung gezeigt haben und sich das Team verbessert hat.

Sehr schnell wird sich eine Teamdynamik entwickelt haben die von Zielerreichung, Spezialisierung im Team, Diskussionen über Verbesserungen bis hin zu Organisationsstrukturen alle Facetten beinhalten kann.

Zuhörer werden zu Teilnehmern, die ein Ziel zu erreichen haben und ihre Performance sofort erkennen können.
Entscheidungen müssen getroffen werden, damit das Ziel erreicht wird und diese gilt es im Rahmen der Bedienung des Katapultes eigenständig im Team umzusetzen. Dabei wird erlebt, welchen wichtigen Beitrag die Statistik bieten kann.

Auf diese Weise ist eine anleitende, erkenntnisbasierte Lernumgebung, basierend auf einer praktischen Problemstellung erreicht.

(1) Problembasierend
(2) Betriebliche Relevanz / praktisch nachvollziehbar
(3) Prozesssimulation (haptisch/virtuell)
(4) Versuch und Irrtum-Lernen
(5) Instrument Tabellenkalkulation (Excel)
(6) Coaching
(7) Begleitete Gruppenprozesse
(8) Entwicklungslernen – Know-how Generierung
(9) Teambildung und Teamvergleich (optional)

Im Rahmen dieses komplexen Lernprozesses werden statistische Methoden als praxisrelevante Instrumente zur Problemlösung verstanden. Anwendungsbezogenes Wissen wird nachhaltig als Lernerfahrung von den Teilnehmern beibehalten und das Instrument Statistik als ein sehr leistungsfähiges Werkzeug zur Entscheidungsunterstützung nachhaltig als Problemlösungskompetenz wahrgenommen.

1.2 Vorstellung: Das Katapult

Katapulte sind bereits in sehr frühen Phasen der Menschheitsgeschichte als Spielgerät und **Kriegswaffen bekannt.** Die historischen „Wurfmaschinen" waren die erste Fernwaffe mit dem Geschosse, mittels mechanisch gespeicherter Energie, stark beschleunigt auf ein Ziel abgefeuert wurden.

Die Bedienung eines Katapultes erforderte in der Geschichte der Kriegsführung gut trainierte Mannschaften, die viel Erfahrung und know how aufwiesen, um einen effizienten Einsatz zu gewährleisten. Nach aktuellem Kenntnisstand der Historiker wurde Jahrhunderte lang auf **das Erfahrungswissen der Bedienmanschaften aufgebaut und zahlreiche „Versuch- und Irrtum"-Prozesse** mussten immer wieder durchgeführt werden, damit eine Zielgerichteter Einsatz bei kriegerischen Einsatz erfolgen konnte.

Das erste Schriftwerk zum Fachgebiet der Ballistik, und damit die mathematischen Grundlagen, entstand erst um 1500 n.Chr. und wurde vom dem Italiener Nicolo Tartaglia verfasst.

Die Wirkungsmechanismen des Katapultes sind schnell erkennbar und die grundlegende Funktionsweise erschließt sich intuitiv für den Betrachter. Die Komplexität wird dabei jedoch häufig unterschätzt.

Daher stellt ein kleines Übungskatapult die beste Form dar, Prozesse zu erfassen, zu steuern und Ziele zu erreichen – analog zu Fragestellungen in der betrieblichen Praxis.

Im Rahmen der Vorstellung des Katapultes sind im ersten Schritt die Einflussvariablen zu ermitteln, welche die Distanz bzw. Weite eines Schusses beeinflussen. Diese gilt es zu identifizieren, ihren Einfluss einzuschätzen und letztendlich zu entscheiden, welche Variablen modifiziert werden müssen, um ein optimales Ergebnis, die vorgegebene Distanz, zu erhalten.

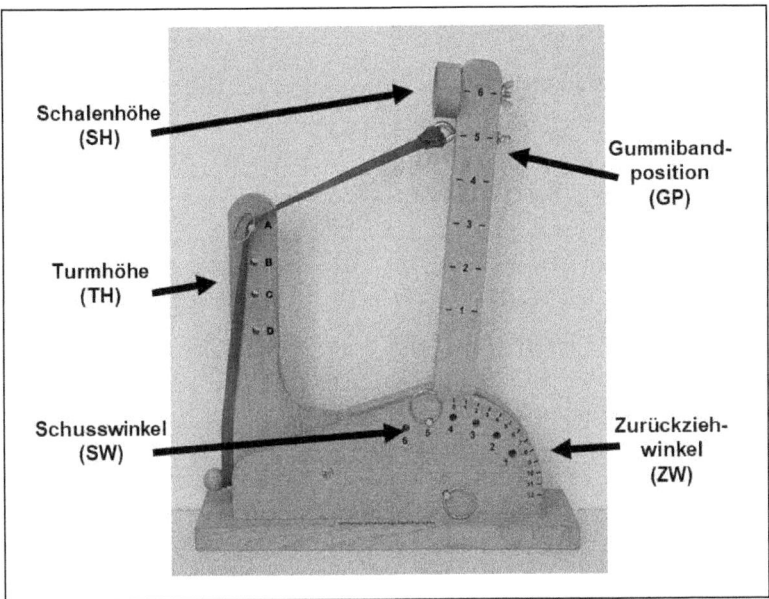

Abb. 2: Einstellmöglichkeiten des Katapultes (Parameteroptionen)

Betrachtet man alle Faktoren, welche einen Einfluss auf Wurfweite des Katapultes haben, können diese im Rahmen eines Brainstormings mit den Teilnehmern erarbeitet werden.

Was beeinflusst die Flugweite des Balles/Objektes?

Im Rahmen dieser Fragestellung sind die 5 grundlegenden Einstellungen ersichtlich:

Zurückziehwinkel	ZW
Schusswinkel	SW
Schalenhöhe	SH
Turmhöhe	TH
Gummibandposition	GP

Bei genauerer Betrachtung des Prozesses sind jedoch sehr viel mehr Variablen für die Flugweite verantwortlich.

Die nachfolgenden Beispiele zeigen, wie umfangreich die Liste an Einflussfaktoren ist:

- *Raumtemperatur*
- *Temperatur des Katapults*
- *Temperatur des Balles*
- *Gravitation / Erdanziehung*
- *Luftwiderstand*
- *Luftfeuchtigkeit*
- *Luftdruck*
- *Rotation des Balls*
- *Gewicht des Balls*
- *Oberflächenbeschaffenheit des Balls*
- *Reibung Turm und Gummiband*
- *Luftdichte*
- *Spannung des Gummibandes*
- *Standfestigkeit des Katapultes*
- *Abweichung des Abschusswinkels*
- *Dicke des Gummibandes*
- *Porosität des Gummibandes*
- *Elastizität des Gummibandes*
- *Größe des Gummibandes*
- *Holzart des Katapults*
- *Mögliche thermische Ausdehnung des Materials / Raumtemperatur*
- *… und viele mehr*

Ziel dieser Übung ist es, die Sensibilität und Wahrnehmung zu schärfen, was einen Prozess und dessen Outcome beeinflussen kann, auch wenn dies auf den ersten und zweiten Blick nicht sofort ersichtlich ist. Ebenso wird deutlich, dass die Wahrnehmung sich unbewusst auf die vermeintlichen Einflussfaktoren konzentriert und diese selektive Sichtweise bewusst erweitert wird.

Abb. 3: Grundfunktionen

Nachdem eine vermeintlich vollständige Liste an Einflussvariablen erstellt wurde, kann anschließend die bewusste Auswahl erfolgen, auf welche Variablen (Einstellungen) sich im 1. Schritt konzentriert wird.

1.3 Steuerbare Variablen

Basierend auf allen möglichen Einflussvariablen wird schnell deutlich, welche die vermeintlichen „**wesentlichen**" Variablen darstellen und die beinflussbar die Wurfweite des Katapultes verändern. Diese Selektion auf die wesentlichen Einflussfaktoren, die gleichzeitig noch beeinflussbar durch die Teilnehmer sind, stellt den ersten analytischen Schritt im Rahmen eines Lernprozesses dar.

Im Rahmen einer ersten Betrachtung ergeben sich für das Katapult 5 Einstelloptionen.

1) Zurückziehwinkel (ZW) (Release Angle)
2) Schusswinkel (SW) (Finge Angle)
3) Schalenhöhe (SH) (Cup Elevation)
4) Turmhöhe (TH) (Pin Elevation)
5) Gummibandposition (GP) (Bungee Position)

Für die meisten Teilnehmer erschließt sich der grundlegende Wirkungsmechanismus des Katapultes intuitiv. Aussagen wie z.b. „Bei gleichen Einstelloptionen wird das zu katapultierende Objekt immer gleich weit fliegen" oder „Wird nur der Zurückziehwinkel vergrößert, wird der Ball weiter fliegen" kommen meistens spontan und wird von allen Teilnehmern geteilt. Dieses grundlegende Funktionsprinzip eines jeden Katapultes wird komplexer, wenn die weiteren Variablen mit einbezogen werden. Hierbei spielen nicht nur die Veränderung der Einstellung eine Rolle, sondern auch die Variabilität der Einstellung. Für die Teilnehmer ist es schon schwieriger einzuschätzen was passiert, wenn der Zurückziehwinkel (ZW) nur um eine Position verändert wird, aber auch gleichzeitig die Turmhöhe (TH) verringert wird. Dies zu erschließen und zu verstehen, ist der erste Schritt zum nachhaltigen Prozessmanagement. In der Nachfolgenden Darstellung werden die unterschiedlichen Einstellvariation der Parameter, inkl. der sich ausschließenden Parameter, dargestellt.

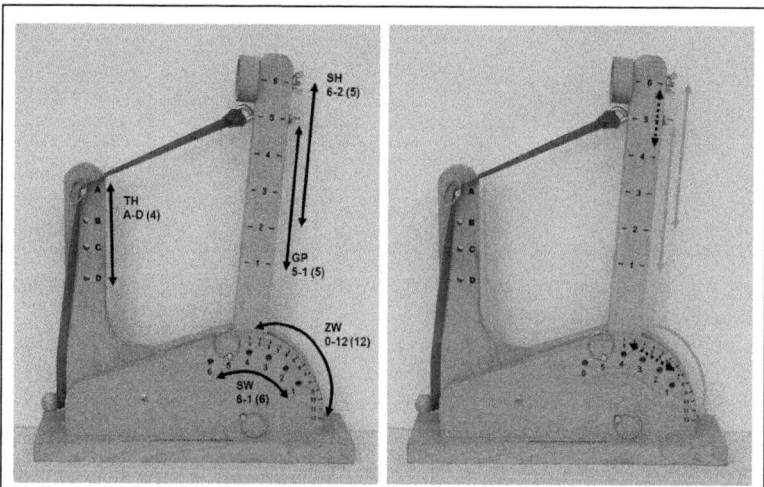

Abb. 4: Parameteroptionen
(Überlagerungen, gestrichelt)

Im Rahmen einer genaueren Betrachtung wird deutlich, dass nicht alle Einstellvariationen möglich sind. So ist beispielsweise eine Gummibandposition (GP) von 6 nicht möglich, wenn die Schalenhöhe (SH) ebenso 6 beträgt. Ebenso sind eine GP von 6 nicht möglich, wenn die SH 4 beträgt.

Diese Einschränkung führt zu einer deutlichen Reduzierung der möglichen Kombinationen und erhöht den Praxisbezug, da die Teilnehmer sich von den mathematischen Kombinationsmöglichkeiten der Theorie lösen müssen, hin zur praktischen Durchführbarkeit von Versuchsanordnungen.

Eine Erarbeitung der möglichen, praxisrelevanten Einstelloptionen für spätere Versuche als Gruppenarbeit bzw. Teamaufgabe führt unverzüglich zu einer intensiven Beschäftigung mit der Funktionsweise des Katapultes und hilft, die späteren Versuche durchzuführen. Begeisterung und Neugier wird geweckt, die ersten Erkenntnisse in einem Versuch umsetzen zu können.

In Kapitel 5 wird nochmal differenzierter auf die Einflussvariablen eingegangen, um die Komplexität zu verdeutlichen.

1.4 Katapult: Versuchsaufbau und Durchführung

Eine gute Vorbereitung des Versuchsaufbaus führt dazu, dass sich die Teilnehmer sehr schnell mit dem Thema Statistik und Prozessmanagement beschäftigen können. Empfehlenswert ist die Anordnung des Katapultes und der Distanzmessung auf Tischen um den ergonomischen Ansprüchen zu entsprechen. Darüber hinaus wird der Einsatz von mobilen Geräten mit Excel zur Auswertung erleichtert und Tische für Gruppenarbeiten können entsprechend mit einbezogen werden.

Über die Verwendung unterschiedlicher Grundeinstellungen des Katapultes variiert die Schussweite entsprechend. Einen ersten Testlauf vor jeder Session ist Empfehlenswert. Eine kurze Schussweite des Katapultes beträgt ca. 2-3 m und bei einer Maximaleinstellung können bis zu 10 m Weite erreicht werden, z.B. mit einem Tischtennisball. Für entsprechend Platz im Veranstaltungsraum sollte daher gesorgt werden.

Die Anordnung auf dem Boden ist nicht empfehlenswert.

Ist das Raumangebot großzügig, können Fragestellungen eines erweiterten Prozesses mit Berücksichtigung finden. Ist die Schussweite z.B. 7 m, springt/rollt der Ball häufig vom Tisch noch deutlich weiter. Hierbei müssen die Teilnehmer ein recht umfangreiches (lauf) Pensum absolvieren, um den Ball zurück zur Abschussbasis zu bringen. Dies ist nicht nur schweißreibend, sondern erweitert die Prozessbetrachtung von der reinen Distanzreichung hin zu einem ganzheitlichen Prozess von Weite erzielen und Neuausrichtung des Katapultes.

Abb. 5: Beispielhafte Raumgestaltung und Versuchsaufbau

Im Anschluss an die Raumvorbereitung können unterschiedliche Möglichkeiten der Messung der Schussweite vorbereitet werden.

Die einfachste und am schnellsten zu realisierende Form stellt der Einsatz von Messbändern bzw. Zollstöcken dar. Hier können die Teilnehmer die Entfernung ablesen und entsprechend vermerken. Die Genauigkeit der Distanzermittlung ist jedoch äußerst problematisch.

Basierend auf den geplanten Zielsetzungen kann mit einem Maßband begonnen werden. Bei den ersten Versuchen stellen die Teilnehmer dann häufig fest, dass die Zielmessung ungenau und fehleranfällig ist. Es wird nur die ca. Weite ermitteln, Abweichungen von der optimalen, zentrierten Schussbahn werden nicht erfasst und das Maßband erfordert eine häufiges Justieren.
Als erste Maßnahme kann dann ein „besseres" Zielmessungssystem erarbeitet werden. Nur so sind anschließende Modifikationen am Prozess bewertbar und der Erfolg von Maßnahmen erkenn- und messbar.

Als sehr praxistauglich haben sich A3-Ausdrucken erwiesen (Siehe Anhang), welche jeweils ein 10 cm langes Raster aufweisen und neben der Entfernung noch eine Abweichung von der Mittellinie links und rechts ermöglichen.
Das fixierte Maßsystem ist durch beliebige Erweiterungen gestaltbar. Je nach Zielsetzung können z.B. bei den ersten Test-Versuchen die Weiten auf dem Maßband farblich markiert

werden. Unterschiedliche Teams, jeweils mit unterschiedlichen Farben, erlauben sehr zeitnah einen Wettbewerb zwischen den Teams. Die jeweiligen Unterschiede sind teilweise sofort anhand der Farbradierungen erkennbar.
Nach kurzer Zeit sind die Unterschiede nicht mehr offensichtlich ablesbar – Folglich wird die Notwendigkeit von Messmethoden deutlich.
Sind entsprechende Kopien vorhanden, können die beschrifteten Seiten überklebt werden und weitere Durchläufe sind möglich.

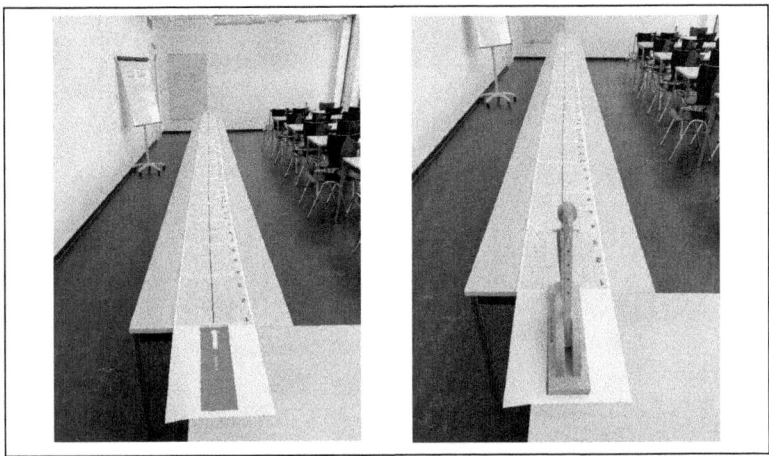

Abb. 6:   Messung und Versuchsaufbau als „Tapetenraster"

Im Rahmen des Erlernens von Prozessverbesserungen unter Zuhilfenahme von Maßnahmen, statistischen Methoden und analytischem Denken ist die Weitemessung mit gegebener Zielsetzung eine sehr anschauliche Zielsetzung.

Alternativ kann das Katapult im Raum positioniert werden und ein Ziel, z.B. ein Korb, gilt es als Aufgabenstellung zu treffen. Wird das Ziel nachhaltig getroffen wird das Ziel im Raum verändert und es soll erneut getroffen werden. Die grundsätzliche Vorgehensweise und Lerneffekte bei dieser Vorgehensweise sind sehr ähnlich ggü. der Betrachtung der Weiteermittlung. Lediglich die Zielerreichung besteht aus zwei Zuständen: Der Ball liegt im Korb oder nicht.

1.5 Erste Experimente: Handlungsorientiertes Lernen

Nachdem die ersten Rahmenparameter definiert und erarbeitet wurden und das Maßsystem festgelegt wurde, kann nun mit steuerbaren Versuchsreihen begonnen werden.

Ausdrücklich sei an dieser Stelle auf das Kapitel Sicherheit hingewiesen.

Die identifizierten und ausgewählten Einstellparameter sind:

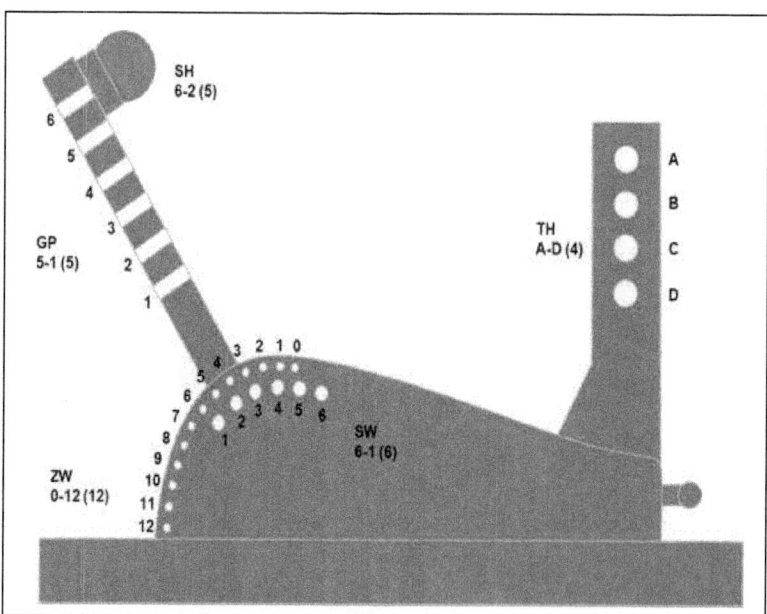

Abb. 7:   Parameter für die Experimente

1.5.1 Experiment: Muster für Arbeitsauftrag

Versuch Nr.	

Versuchsbeschreib.	

ZW	
SW	
SH	
TH	
GP	

Durchlauf Nr.			

	Ist-Weite	Ist-Weite	Ist-Weite
1			
2			
3			
4			
5			
6			
7			
8			
9			
10			

Dr. C. Hermsen

Experiment: Beispiel für Arbeitsauftrag

Versuch Nr.	5

Versuchsbeschreib.	Zielweite 2,30 m nachhaltig einhalten

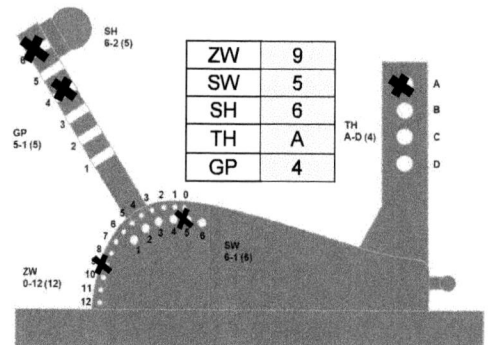

ZW	9
SW	5
SH	6
TH	A
GP	4

Durchlauf Nr.	1	2	3
	Ist-Weite	Ist-Weite	Ist-Weite
1			
2			
3			
4			
5			
6			
7			
8			
9			
10			

1.5.2 Experiment 1 Beispiel

Experiment	1		Ex 1

Vorgehensweise	Exploration / Entdeckung

Methode 1	Weite, Häufigkeit, Verteilung

Lernziel(e)	Streuungsdiagramm
	Häufigkeitsdiagramm
	Deskriptive Statistik

Grundeinstellungen		
Zurückziehwinkel	ZW	12
Schusswinkel	SW	6
Schalenhöhe	SH	6
Turmhöhe	TH	A
Gummibandposition	GP	5

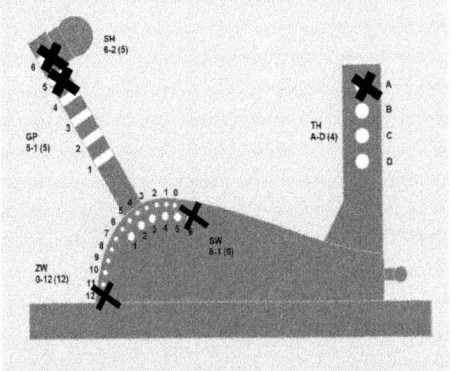

Versuchseinstellungen		
1	ZW	12
2	ZW	12
3	ZW	12
4	ZW	12
5	ZW	12

Aufgabenstellung und Zielsetzung
Ermitteln Sie die Weite bei den gegebenen Katapulteinstellungen. Stellen Sie das Katapult mit den Grundeinstellungen ein. Führen Sie die Versuche durch. Notieren Sie die Weiten in die Tabelle. Erstellen Sie ein Streuungsdiagram. Markieren Sie die Mitte der Streuungspunkte und verbinden die Punkte mit der Linie.

Anmerkungen

| Experiment | 1 |

Ergebnisse

	ZW	Weite
1	12	
2	12	
3	12	
4	12	
5	12	

1.5.3 Experiment 2

| Experiment | 2 | | Ex 2 |

| Vorgehensweise | Exploration / Entdeckung |

| Methode 1 | Weite, Häufigkeit, Verteilung |

Lernziel(e)	Streuungsdiagramm
	Häufigkeitsdiagramm
	Deskriptive Statistik

Grundeinstellungen		
Zurückziehwinkel	ZW	12
Schusswinkel	SW	6
Schalenhöhe	SH	6
Turmhöhe	TH	A
Gummibandposition	GP	5

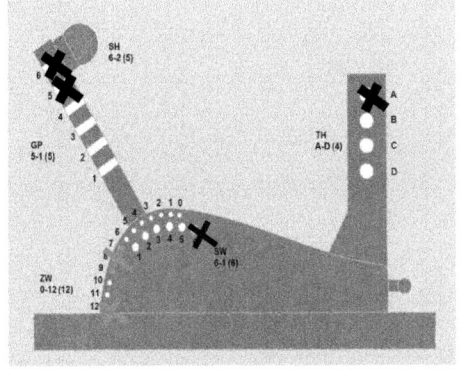

Versuchseinstellungen		
1	ZW	12
2	ZW	12
3	ZW	12

1	ZW	8
2	ZW	8
3	ZW	8

Aufgabenstellung und Zielsetzung
Ermitteln Sie die Weite bei den gegebenen Katapulteinstellungen.
Stellen Sie das Katapult mit den Grundeinstellungen
ein.
Führen Sie die Versuche durch und verändern jeweils den ZW.
Notieren Sie die Weiten in die Tabelle.
Erstellen Sie eine Grafik mit den unterschiedlichen Weiten.
Verbinden Sie die unterschiedlichen Weiten mit einer Linie.

Anmerkungen

| Experiment | 2 |

Ergebnisse

	ZW	Weite		ZW	Weite
1	12		1	8	
2	12		2	8	
3	12		3	8	

Experiment 2

1.5.4 Experiment 3

Experiment	3

Ex 3

Vorgehensweise	Prognose

Methode 1	Analyse, Regression

Lernziel(e)	Streuungsdiagramm
	Häufigkeitsdiagramm
	Deskriptive Statistik

Grundeinstellungen		
Zurückziehwinkel	ZW	12
Schusswinkel	SW	6
Schalenhöhe	SH	6
Turmhöhe	TH	A
Gummibandposition	GP	5

Ableitungen

ZW	Prog. Weite
11	
10	
9	
8	
7	
6	
5	
4	
3	
2	
1	

Aufgabenstellung und Zielsetzung

Prognostizieren Sie die Weite.
Tragen Sie die prognostizierten Werte in die Tabelle und in die Grafik ein.
Stellen Sie das Katapult mit den Grundeinstellungen ein.
Führen Sie die Versuche durch und verändern jeweils den ZW.
Notieren Sie die Weiten in die Tabelle.
Erstellen Sie eine Grafik mit den unterschiedlichen Weiten des Katapultes.
Tragen Sie die prognostizierten Werte ein.
Ermitteln Sie die Abweichung der Ist- und Plan-Werte

Anmerkungen

| **Experiment** | 3 |

Ergebnisse

	ZW	Ist-Weite
1	11	
2	10	
3	9	
4	7	
5	6	

	ZW	Ist-Weite
6	5	
7	4	
8	3	
9	2	
10	1	

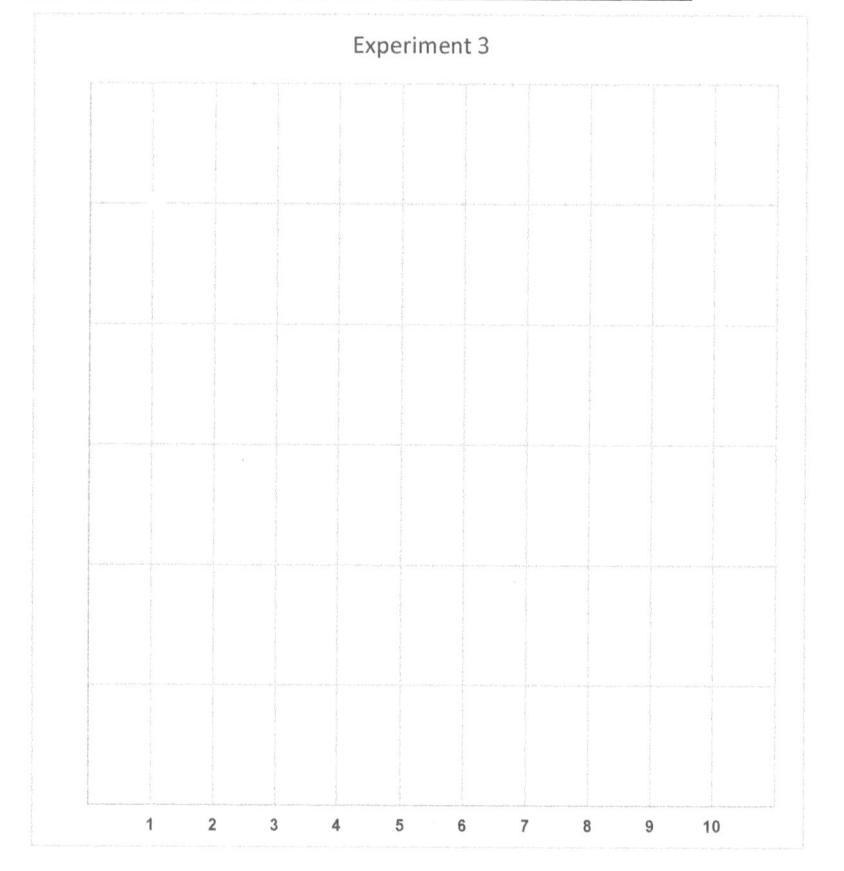

Experiment 3

Auswertung

Daten-Auswertung

ZW	Ist Weite	Plan Weite	Abw. Absolut	Abw. %
1	11			
2	10			
3	9			
4	7			
5	6			
6	5			
7	4			
8	3			
9	2			
10	1			

Datenberechnungen und Auswertung (Analyse)

Mittelwert (arith.Mittel)

Diskussionspunkte
Einfluss des ZW auf die Weite erkennen.
Ermittlung Wirkungszusammenhang ZW und Weite. Insbesondere bei kleinem ZW und großem ZW.
Schätzung (Prognose) und Ist-Ergebnisse vergleichen.
Abweichungen erkennen, beschreiben und Schlussfolgerungen ableiten.
Einfluss der Genauigkeit der Durchführung betrachten und diskutieren.
Grafische vs. mathematische Prognose.
Aufgabenstellung(en) für einen weiteren Testdurchlauf ableiten.
Versuchsaufbau modifizieren und erneut durchführen.
Ergebnisse des zweiten Durchlaufes analysieren.
Dritten Durchlauf durchführen.
Finale Zusammenfassung der Ergebnisse.
Prozessbeschreibung und Veränderungen erarbeiten.

Beurteilung und Lernergebnisse

1.5.5 Ergebnisse Experiment 1-3 - Zwischenergebnisse

Die bisherigen Experimente haben zu ersten Erfahrungen mit dem Katapult bei den Teilnehmern geführt und einen ersten Eindruck von der Arbeitsweise hinterlassen.
Eine Auswertung der erzielten Weiten erfolgte bisher durch eine manuelle grafische Auswertung und ergeben überwiegend klare Ergebnisse.
Basierend darauf können nun erste Erkenntnisse und daraus abgeleitete Maßnahmen in Versuchswiederholungen umgesetzt und geprüft werden. Eine Wiederholung führt dann sehr schnell zu Prozessverbesserungen und verbesserten Ergebnissen bzgl. der Varianzen in den erreichten Schussweiten.

Erste gruppendynamische Prozesse sind erkennbar und sollten ebenso Gegenstand einer Zwischenaufnahme sein.

Gegenstand eines erfolgreichen Qualitätsmanagements, insbesondere einer nachhaltigen Prozessverbesserung, ist neben der bereits thematisierten Messgenauigkeit der Zielerreichung eine gute Dokumentation der Experimente und dessen Ergebnisse. Darüber hinaus **gilt es stets die „neuen" Erkenntnisse zu system**atisieren, zu diskutieren und zu dokumentieren.
Dies sollte bereits nach 1 bis 3 Versuchen vorgenommen werden, um eine möglichst nachhaltige Prozessdokumentation zu erstellen. Auf diese Weise ist es möglich, nach weiteren Experimenten auf diese frühen Zwischenstände zurück zu greifen und Irrtümer zu erkennen und daraus wiederum Schlussfolgerungen zu ziehen. Auf diese Weise ist ein aktiver Lernprozess aus Erkenntnissen, Irrtümern und Fehlern möglich.

Dieser aktive Lernprozess stellt das wesentliche Kernelement dieses Arbeitsbuches und Trainingsansatzes dar und wird bei allen Teilnehmern zu nachhaltigen Lernerfolgen führen.

Beispiel Zwischenergebnisse

| Ergebnisse | 1 | Zwischenergebnisse |

| Experimente | 1-3 |

Stichworte	Prozessstabilität
	Gruppenorganisation
	Offene Fragen
	...

Prozessstabilität

Gruppenorganisation

Offene Fragen

Sonstiges

1.5.6 Experiment 4

Experiment	4		Ex 4

Vorgehensweise	1. Komplexitäts-Stufen-Prognose

Methode 1	Analyse, Regression

Lernziel(e)	Streuungsdiagramm, komplex
	Häufigkeitsdiagramm
	Deskriptive Statistik

Grundeinstellungen		
Zurückziehwinkel	ZW	12
Schusswinkel	SW	6
Schalenhöhe	SH	6
Turmhöhe	TH	A
Gummibandposition	GP	5

Versuchseinstellungen

	ZW	SW
1	8	6
2	7	6
3	6	6
4	5	5
5	4	5

Aufgabenstellung und Zielsetzung
Ermitteln Sie die Weite bei den gegebenen Katapulteinstellungen.
Stellen Sie das Katapult mit den Grundeinstellungen
ein.
Führen Sie die Versuche durch und verändern jeweils den ZW und SW.
Notieren Sie die Weiten in die Tabelle.
Verwenden Sie zwei unterschiedliche Farben für die jeweiligen SW.
Erstellen Sie eine Grafik mit den unterschiedlichen Weiten.
Verbinden Sie die unterschiedlichen Weiten (jeweils 2 Gruppen) mit einer Linie.

Anmerkungen

Experiment 4

Ergebnisse

	ZW	SW	Ist-Weite
1	8	6	
2	7	6	
3	6	6	
4	5	5	
5	4	5	

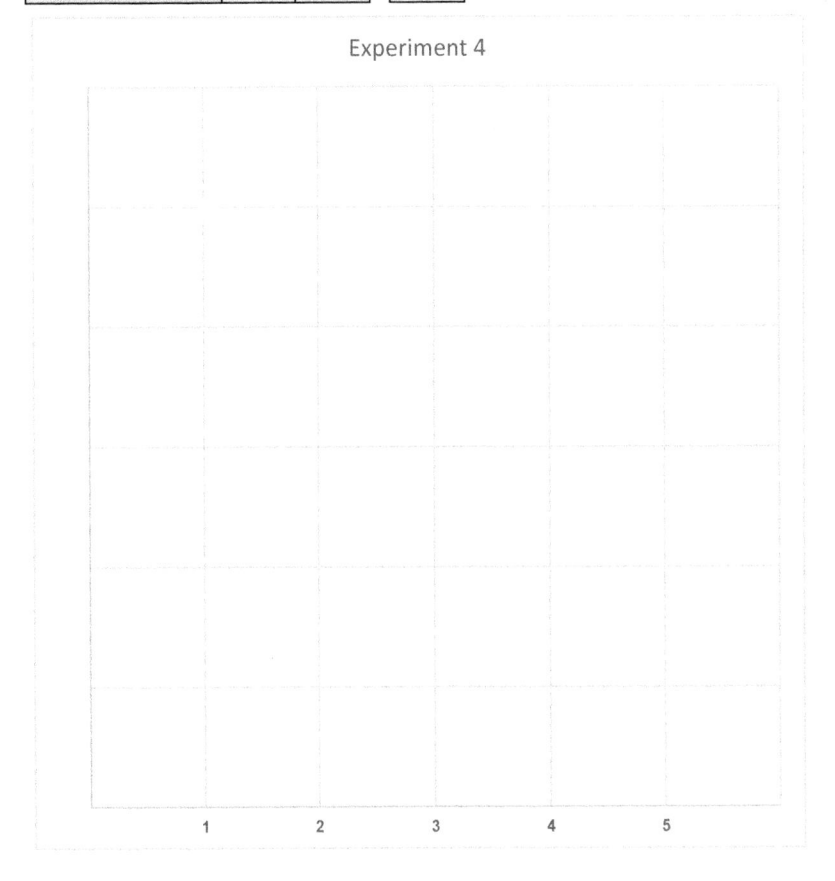

Experiment 4

Auswertung

Daten-Auswertung

	ZW	SW	Ist-Weite	Plan Weite	Abw. Absolut	Abw. %
1	8	6				
2	7	6				
3	6	6				
4	5	5				
5	4	5				

Datenberechnungen und Auswertung (Analyse)

Mittelwert (arith.Mittel) [ ] [ ]

Diskussionspunkte

Einfluss des ZW auf die Weite erkennen.
Ermittlung Wirkungszusammenhang ZW und Weite. Insbesondere bei kleinem ZW und großem ZW.
Schätzung (Prognose) und Ist-Ergebnisse vergleichen.
Abweichungen und erkennen, beschreiben und Schlussfolgerungen ableiten.
Einfluss der Genauigkeit der Durchführung betrachten und diskutieren.
Grafische vs. Mathematische Prognose.
Aufgabenstellung(en) für einen weiteren Testdurchlauf ableiten.
Versuchsaufbau modifizieren und erneut durchführen.
Ergebnisse des zweiten Durchlaufes analysieren.
Dritten Durchlauf durchführen.
Finale Zusammenfassung der Ergebnisse.
Prozessbeschreibung und Veränderungen erarbeiten.

Beurteilung und Lernergebnisse

1.5.7 Experiment 5

Experiment	5		Ex 5

Vorgehensweise	1. Komplexitäts-Stufen-Prognose

Methode 1	Analyse, Prognose (2 Variablen)

Lernziel(e)	Streuungsdiagramm, komplex
	Häufigkeitsdiagramm
	Deskriptive Statistik

Grundeinstellungen		
Zurückziehwinkel	ZW	12
Schusswinkel	SW	6
Schalenhöhe	SH	6
Turmhöhe	TH	A
Gummibandposition	GP	5

Versuchseinstellungen

	ZW	SW	Prog. Weite
1	12	1	
2	11	2	
3	10	3	
4	9	4	
5	8	5	

Aufgabenstellung und Zielsetzung
Prognostizieren Sie die Weite.
Tragen Sie die prognostizierten Werte in die Tabelle und in die Grafik ein.
Stellen Sie das Katapult mit den Grundeinstellungen ein.
Führen Sie die Versuche durch und verändern jeweils den ZW und SW.
Notieren Sie die Weiten in die Tabelle.
Ermitteln Sie die Abweichung der Ist- und Plan-Werten.

Anmerkungen

| **Experiment** | 5 |

Ergebnisse

	ZW	SW
1	12	1
2	11	2
3	10	3
4	9	4
5	8	5

Ist-Weite

Prog. Weite

Experiment 5

1   2   3   4   5

Dr. C. Hermsen

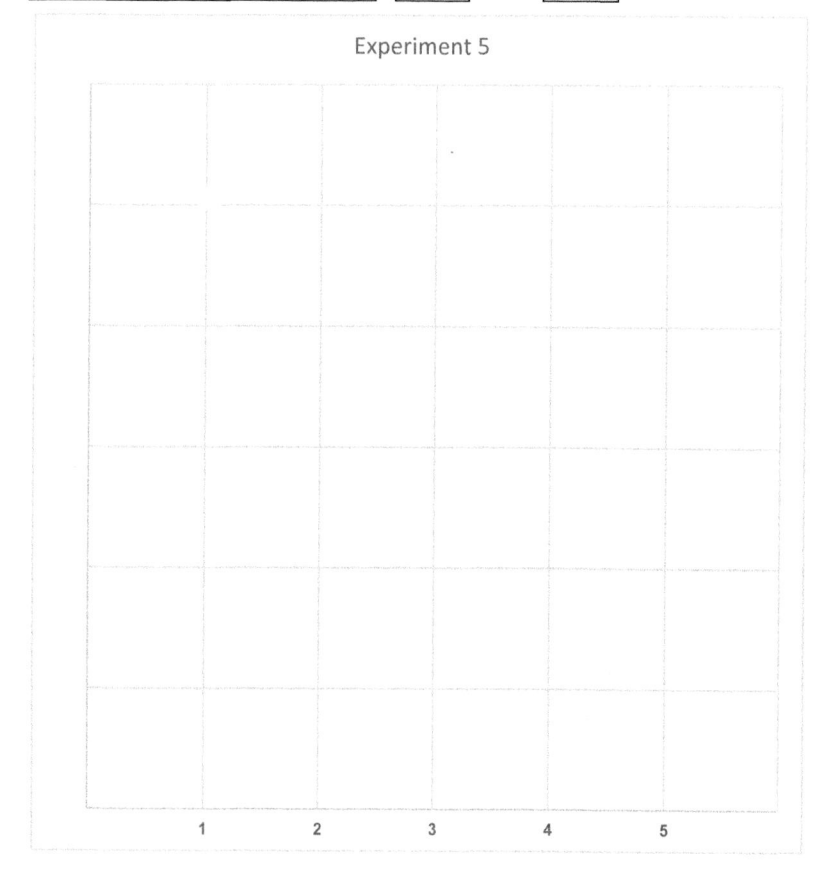

Auswertung

Daten-Auswertung

ZW	SW	Ist Weite	Plan Weite	Abw. Absolut	Abw. %
1	12	1			
2	11	2			
3	10	3			
4	9	4			
5	8	5			

Datenberechnungen und Auswertung (Analyse)

Mittelwert (arith.Mittel)

Diskussionspunkte

Einfluss des ZW/SW auf die Weite erkennen.
Ermittlung Wirkungszusammenhang ZW/SW und Weite. Insbesondere bei kleinem ZW und großem SW.
Schätzung (Prognose) und Ist-Ergebnisse vergleichen.
Abweichungen erkennen, beschreiben und Schlussfolgerungen ableiten.
Einfluss der Genauigkeit der Durchführung betrachten und diskutieren.
Grafische vs. Mathematische Prognose.
Aufgabenstellung(en) für einen weiteren Testdurchlauf ableiten.
Versuchsaufbau modifizieren und erneut durchführen.
Ergebnisse des zweiten Durchlaufes analysieren.
Dritten Durchlauf durchführen.
Finale Zusammenfassung der Ergebnisse.
Prozessbeschreibung und Veränderungen erarbeiten.

Beurteilung und Lernergebnisse

1.5.8 Experiment 6

Experiment	6		Ex 6

Vorgehensweise	Komplexe Prognose

Methode 1	Analyse, Prognose (2 Variablen)

Lernziel(e)	Streuungsdiagramm, komplex
	Häufigkeitsdiagramm
	Deskriptive Statistik

Grundeinstellungen		
Zurückziehwinkel	ZW	12
Schusswinkel	SW	6
Schalenhöhe	SH	6
Turmhöhe	TH	A
Gummibandposition	GP	5

Versuchseinstellungen

	ZW	SW	Prog. Weite
1	12	1	
2			
3			
4			
5			
1	11	2	
2			
3			
4			
5			
1	10	3	
2			
3			
4			
5			

Aufgabenstellung und Zielsetzung
Prognostizieren Sie die Weite und tragen Sie die Werte in die Tabelle ein. Stellen Sie das Katapult mit den Grundeinstellungen ein. Führen Sie die Versuche durch und verändern jeweils den ZW und SW. Notieren Sie die Weiten in die Tabelle. Ermitteln Sie die Abweichung der Ist- und Plan-Werten.

Experiment	6

Ergebnisse

	ZW	SW	1 Ist-Weite	2 Ist-Weite	3 Ist-Weite	4 Ist-Weite	5 Ist-Weite
1	12	1					
2	11	2					
3	10	3					

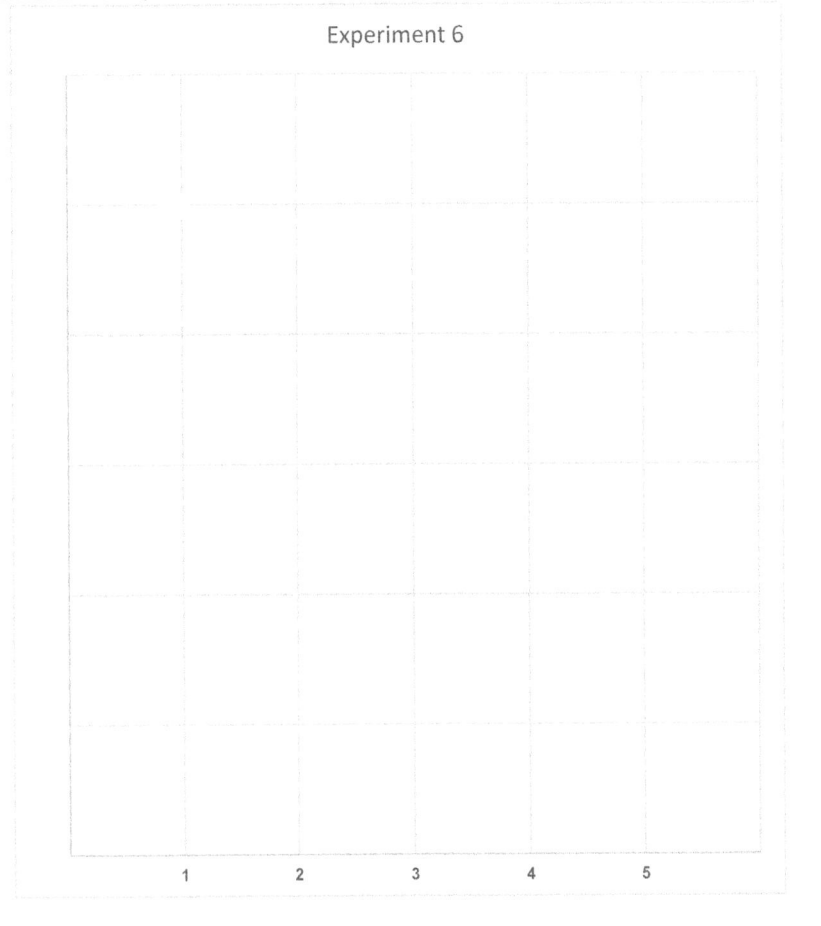

Experiment 6

1.5.9 Experiment 7

Experiment	7	Ex 7

Vorgehensweise	Ziel treffen

Methode 1	Prognose, Ist-Vergleich

Lernziel(e)	Streuungsdiagramm
	Häufigkeitsdiagramm
	Deskriptive Statistik

Grundeinstellungen		
Zurückziehwinkel	ZW	12
Schusswinkel	SW	6
Schalenhöhe	SH	6
Turmhöhe	TH	A
Gummibandposition	GP	5

Versuchseinstellungen

	ZW	SW	Ziel-Weite 1,30
1			
2			
3			
4			

	ZW	SW	Ist-Weite
1			
2	unverändert		
3	unverändert		
4	unverändert		
5	unverändert		

Aufgabenstellung und Zielsetzung
Prognostizieren Sie die Katapult Einstellungen und tragen Sie die Einstellung ZW/SW ein.
Führen Sie die 1 bis 4 Runden mit Ihren Einstellungen (ev. geändert) durch.
Notieren Sie den Werte.
Wählen Sie die finale Einstellung (keine Veränderung) und führen 5 Durchgänge durch.
Tragen Sie die Ergebnisse in die Tabelle/Grafik ein.

| Experiment | 7 |

Ergebnisse

	ZW	SW	1 Ist-Weite	2 Ist-Weite	3 Ist-Weite	4 Ist-Weite	5 Ist-Weite
Finale Einstellung							

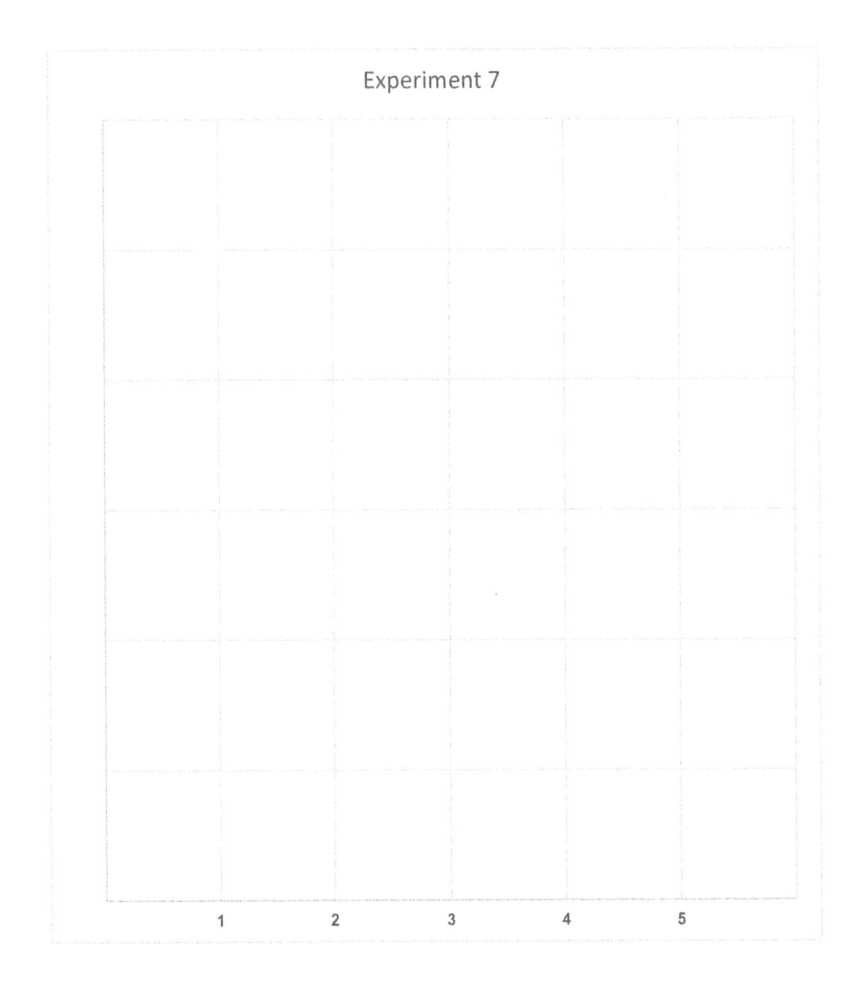

Experiment 7

1   2   3   4   5

Dr. C. Hermsen

1.5.10 Experiment 8

Experiment	8		Ex 8

Vorgehensweise	Ziel treffen, Einzelperformance

Methode 1	Ist-Vergleich

Lernziel(e)	Streuungsdiagramm
	Häufigkeitsdiagramm
	Deskriptive Statistik

Grundeinstellungen		
Zurückziehwinkel	ZW	12
Schusswinkel	SW	6
Schalenhöhe	SH	6
Turmhöhe	TH	A
Gummibandposition	GP	5

Versuchseinstellungen

Name: _____

	ZW	SW	Ziel-Weite 1,30
1			
2			
3			
4			
5			

Name: _____

	ZW	SW	Ziel-Weite 1,30
1			
2			
3			
4			
5			

Aufgabenstellung und Zielsetzung
Wählen Sie zwei Teammitglieder aus, welche das Katapult bedienen.
Lassen Sie beide nacheinander 4 Versuche durchführen
Tragen Sie die Ergebnisse in die Tabelle/Grafik ein.

| Experiment | 8 |

Ergebnisse

Name:

	1 Ist-Weite	2 Ist-Weite	3 Ist-Weite	4 Ist-Weite	5 Ist-Weite
1. Bediener					
2. Bediener					

Experiment 8

1 2 3 4 5

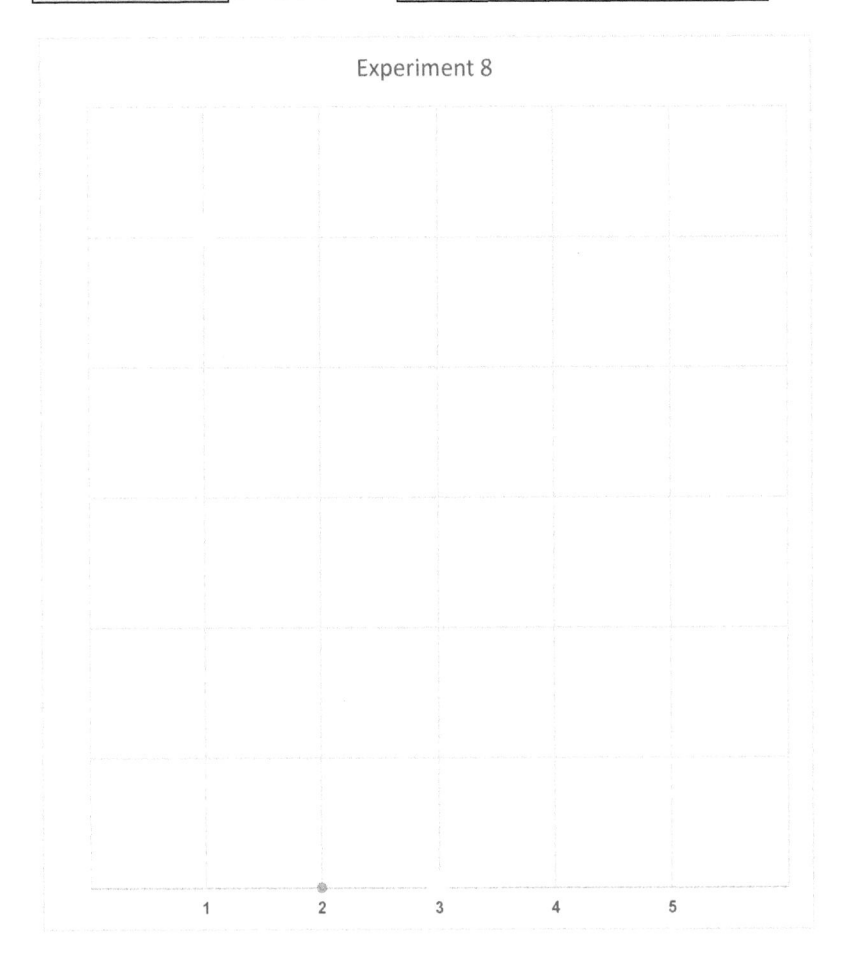

Auswertung

Daten-Auswertung

	1 Ist-Weite	2 Ist-Weite	3 Ist-Weite	4 Ist-Weite	5 Ist-Weite
Name: 1. Bediener					
2. Bediener					

Datenberechnungen und Auswertung (Analyse)

Diskussionspunkte
Vergleichen Sie die Ergebnisse der unterschiedlichen Bediener.
Grafische vs. Mathematische Beurteilung der Performance?
Unterschiedliche Vorgehensweise: Genauigkeit oder Schnelligkeit?
Welche Rahmenparameter sind zu definieren, um den "Besseren" zu ermitteln?

Ev. zweiten Durchlauf mit vorgegebenen Parametern:
Zeitvorgabe
Varianz (z.B. +-10%)
Ziel 1: Genauigkeit der Weite
Ziel 2: Möglichst oft Weite erreichen in 15 Sekunden

Unterschiedliche Zielerreichungsmessung erarbeiten.

Beurteilung und Lernergebnisse

1.5.11 Experiment 9

| Experiment | 9 | | Ex 9 |

| Vorgehensweise | Ziel treffen |

| Methode 1 | Ist-Vergleich |

Lernziel(e)	Streuungsdiagramm
	Häufigkeitsdiagramm
	Deskriptive Statistik

Grundeinstellungen		
Zurückziehwinkel	ZW	12
Schusswinkel	SW	6
Schalenhöhe	SH	6
Turmhöhe	TH	A
Gummibandposition	GP	5

Versuchseinstellungen

Name:

Ziel-Weite: 1,30

	ZW	SW	
1			
2			
3			
4			
5			
6			
7			
8			
9			
10			

Aufgabenstellung und Zielsetzung
Wählen Sie den "Besten" Teilnehmer intuitiv aus, welcher das Katapult bedienen soll.
Führen Sie 10 Versuche durch.
Tragen Sie die Ergebnisse in die Tabelle/Grafik ein.

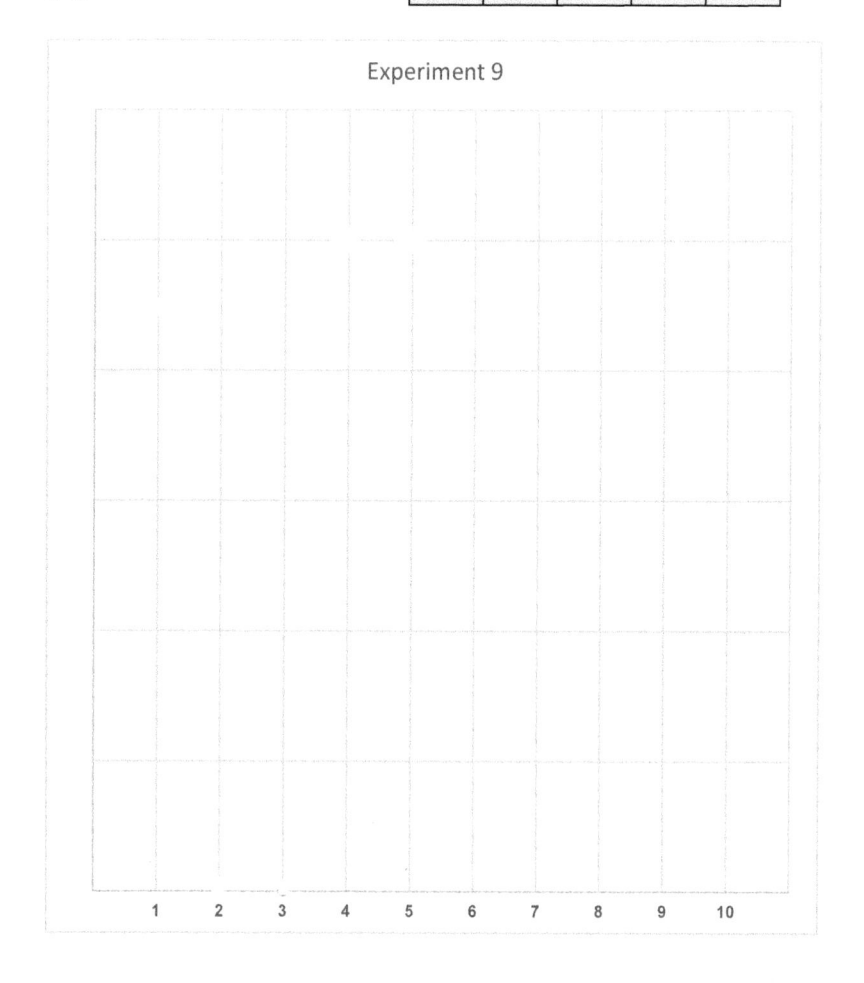

| Experiment | 9 |

Ergebnisse

	Ist-Weite	Ist-Weite	Ist-Weite	Ist-Weite	Ist-Weite
1-5					
6-10					

Experiment 9

Dr. C. Hermsen

1.5.12 Experiment 10

Experiment	10	Ex 10

Vorgehensweise	Ziel treffen, nach Maßnahmen

Methode 1	Ist-Vergleich von 2 Durchläufen

Lernziel(e)	Streuungsdiagramm
	Häufigkeitsdiagramm
	Deskriptive Statistik

Grundeinstellungen		
Zurückziehwinkel	ZW	12
Schusswinkel	SW	6
Schalenhöhe	SH	6
Turmhöhe	TH	A
Gummibandposition	GP	5

Versuchseinstellungen

Name:

	ZW	SW	1. Versuch Ziel-Weite 1,30	2. Versuch Ziel-Weite 1,30
1				
2				
3				
4				
5				
6				
7				
8				
9				
10				

Aufgabenstellung und Zielsetzung
Tragen Sie die Werte aus Ex 9 ein.
Führen Sie 10 Versuche durch.
Tragen Sie die Ergebnisse in die Tabelle/Grafik ein.

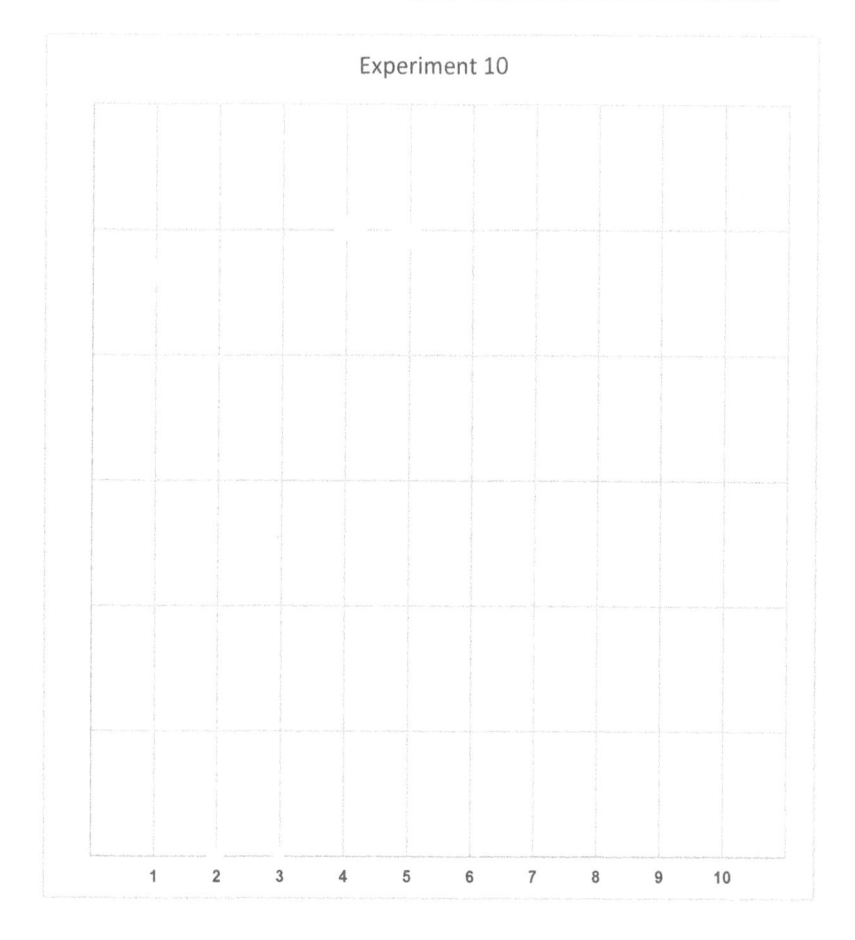

Experiment 10

Ergebnisse

		Ist-Weite	Ist-Weite	Ist-Weite	Ist-Weite	Ist-Weite
1-5	1. Versuch					
6-10						
1-5	1. Versuch					
6-10						

Experiment 10

Dr. C. Hermsen

1.6 Auswertungs- und Darstellungsmöglichkeiten

1.6.1 Grafische Darstellungsformen

Bei der Verwendung von Excel im Rahmen der Experimente wird den Teilnehmern die marktführende Standartanwendung vermittelt. Es können somit die grundlegenden Werkzeuge zur Dokumentation und Kalkulation eingesetzt werden.

Neben der kostenpflichtigen Tabellenkalkulation sind diverse, teilweise kostenlose, Anwendungen mit ähnlicher Leistungsfähigkeit verfügbar.

Durch den Versuchsaufbau auf Tischhöhe ist der Einsatz von Tabellenkalkulationen jederzeit möglich und schnell umsetzbar.

Insbesondere der einfache Einsatz grafischer Darstellungen fördert die intensive Auseinandersetzung in den Teams mit Lösungen. Eine schnelle Berechnung und Visualisierung fördert den Fokus auf die Prozesse, und nicht auf die Berechnung von Formeln.

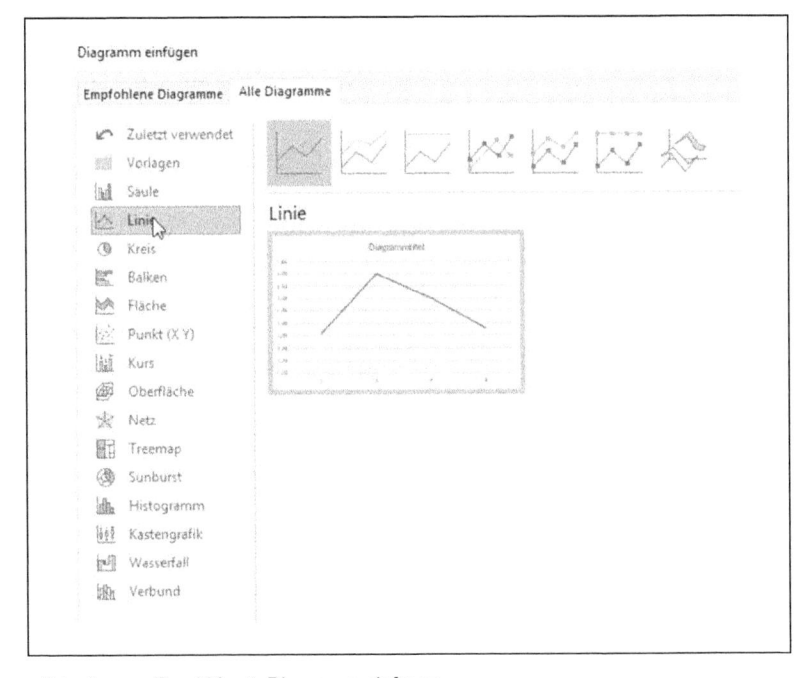

Abb. 8: Excel Menü: Diagramm einfügen

1.6.2 Beispiel 1

Beispiel	1		Bsp 1

Vorgehensweise	Analyse von 2 Versuchen mit Kennziffern

Methode 1	Statistische Analyseoptionen, gesondert

Lernziel(e)	Deskriptive Statistik
	Statistische Kennzahlen / Vergleiche

Daten

Name:

	1. Versuch	2. Versuch
	Ziel-Weite	Ziel-Weite
	1,50	1,50
	Ist-Weite	Ist-Weite
1	1,51	1,46
2	1,36	1,49
3	1,47	1,55
4	1,51	1,54
5	1,47	1,48
6	1,27	1,48
7	1,69	1,45
8	1,55	1,55
9	1,50	1,53
10	1,51	1,52
11	1,43	1,52
12	1,50	1,47
13	1,18	1,54
14	1,26	1,53
15	1,42	1,54
16	1,49	1,48
17	1,02	1,51
18	1,35	1,54
19	1,42	1,45
20	1,37	1,45

| Analysemöglichkeiten 1 | (beispielhaft) |

Mittelwert
(=MITTELWERT(F16:F35))
arithmetisches Mittel

Varianz
(=VARIANZENA(F16:F35))
Varianz der Grundgesamtheit

| 1,41 | | 1,50 |

| 0,0206 | | 0,0013 |

Maximaler Wert
(=MAX(F16:F35))

| 1,69 | | 1,55 |

Minimaler Wert
(=MIN(F16:F35))

| 1,02 | | 1,45 |

... und **viele** weitere möglich.

| Diskussionspunkte |
| Welche statistischen Kennzahlen können Verwendung finden? |
| Welche Aussage lässt sich aus den einzelnen Kennzahlen ableiten? |
| Wie helfen diese zu einer besseren Zielerreichung? |
| Wie helfen diese zu einer Verbesserung des Prozesses? |
| Welche Entscheidungen lassen sich ableiten? |

| Beurteilung und Lernergebnisse |

Dr. C. Hermsen

1.6.3 Vergleich von zwei unterschiedlichen Wurfbällen

Beispiel	2		Bsp 2

Vorgehensweise	Grafische Auswertung

Methode 1	Statistische Analyseoptionen

Lernziel(e)	Ein Bild sagt mehr als tausend Worte
	Grafische Darstellungsformen

Daten		

Name:	Ziel-Weite 1,50 1. Ball Ist-Weite	Ziel-Weite 1,50 2. Ball Ist-Weite
1	1,51	1,46
2	1,45	1,45
3	1,47	1,56
4	1,51	1,54
5	1,47	1,48
6	1,55	1,48
7	1,56	1,49
8	1,55	1,52
9	1,50	1,40
10	1,51	1,52
11	1,50	1,52
12	1,48	1,45
13	1,40	1,51
14	1,45	1,53
15	1,48	1,51
16	1,49	1,50
17	1,45	1,51
18	1,40	1,50
19	1,48	1,45
20	1,40	1,55

| Darstellungsmöglichkeiten (beispielhaft) |

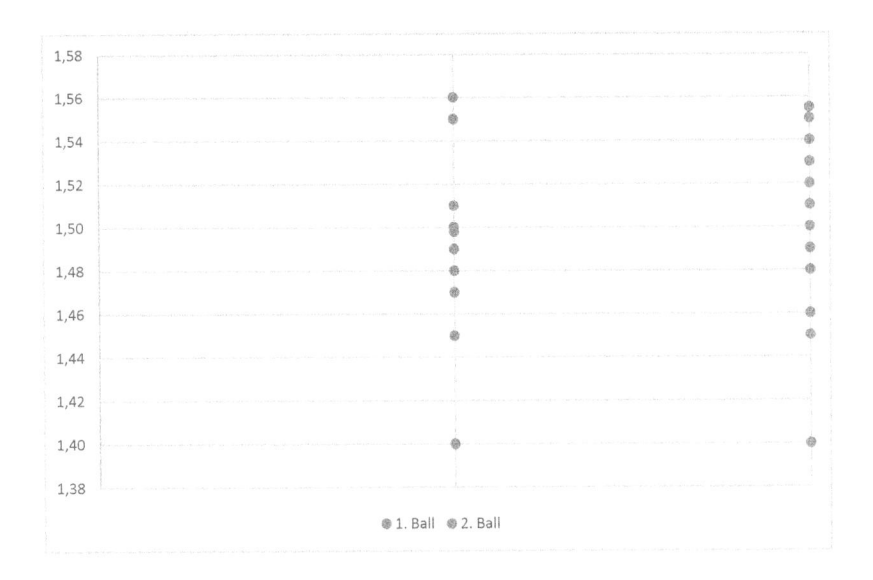

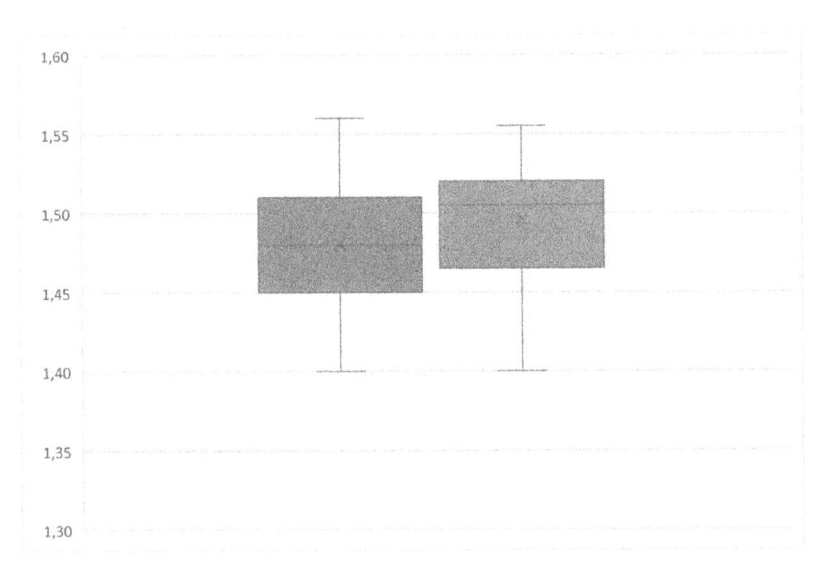

● 1. Ball ● 2. Ball

Darstellungsmöglichkeiten

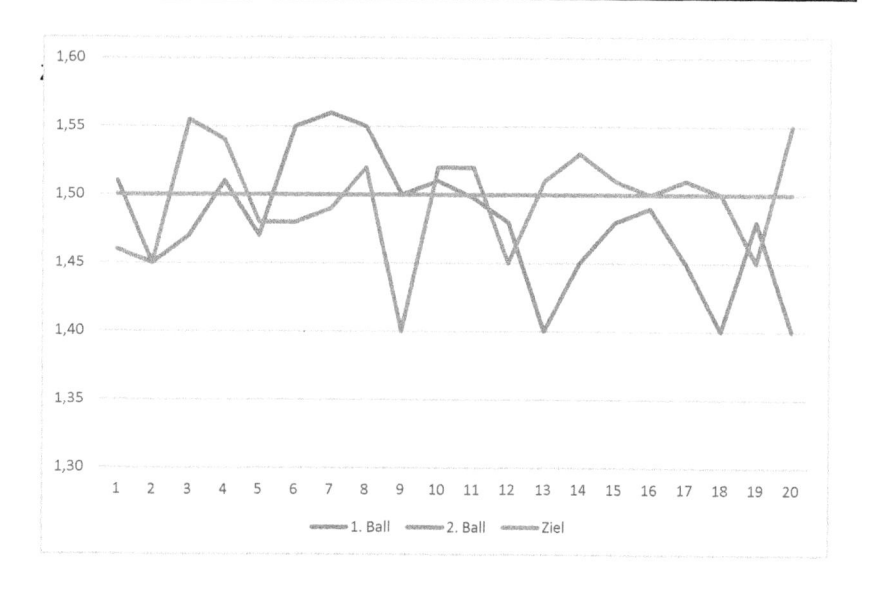

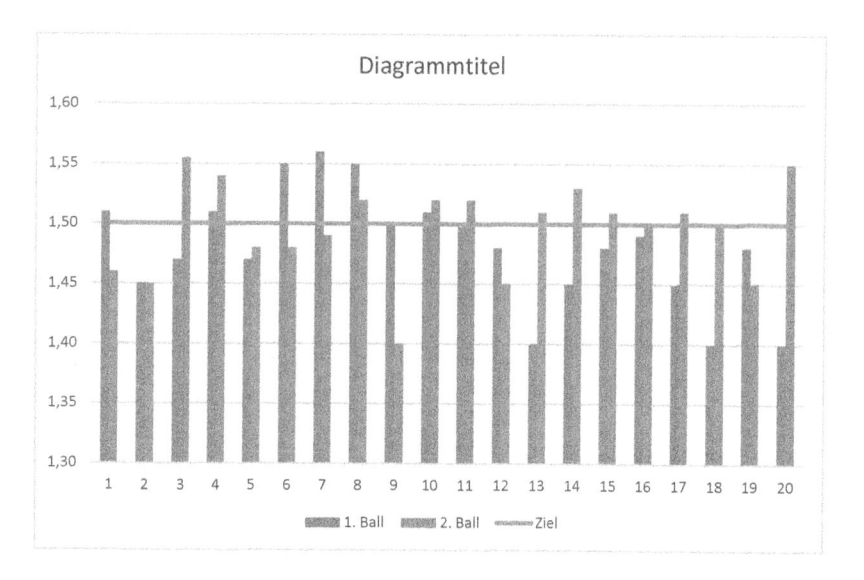

1.7 Regression und Prognose

1.7.1 Vorlagen verwenden

Ein klassisches Instrument der Statistik ist die Regressionsrechnung. Hierbei wird basierend auf einer Anzahl von Beobachtungen/Werten von einer/mehrerer unabhängigen auf eine/mehrere abhängige Variable geschlossen.

In den vorherigen Experimenten wurde bereits eine grafische Ableitung des Zusammenhangs von Zurückziehwinkel und erzielter Weite geschlossen. Dieser Zusammenhang wurde als Grade angenommen und manuell eingezeichnet. Dieser lineare Zusammenhang stellt damit ein vermutetes Modell Wirkung der unabhängigen Variablen dar.

Das Ableiten von Wirkungszusammenhängen kann grundsätzlich in linear und nicht linear unterteilt werden. Die Zusammenhänge können dann stetig (z.b. eine Grade) oder nicht stetig sein. Ebenso kann eine abhängige und eine unabhängige Variable betrachten oder mehr als zwei Variablen Gegenstand der Betrachtung sein.

In unseren Experimenten haben wir den Zurückziehwinkel verändert und die Weite gemessen. Dann haben wir den ZW und den Schusswinkel verändert und die Weite gemessen. Hier wurden dann 3 Variablen betrachtet. Wenn darüber hinaus noch ein unterschiedlicher Ball verwendet wird, liegen 4 Variablen vor. Entsprechend komplex werden dann die Regressionsanalysen.

In der Literatur finden sich sehr umfangreiche und viele unterschiedliche Ansätze zur Regressionsanalyse und deren mathematischer Grundlagen. Nachfolgende werden nur die Excel-Funktionen verwendet.

Das Instrument der Regressionsanalyse ist insofern sehr hilfreich, als dass es die Wirkungszusammenhänge mathematisch beschreiben kann und die Anzahl von Versuchen mit dem Katapult deutlich verringert. Excel liefert hierfür fertige Funktionen, die eine rechnerische Ermittlung einer Regression sehr vereinfachen.

Ist das gesetzte Ziel z.B. mit 1,30 m vorgegeben, werden im optimalen Fall nur zwei Versuche benötigt, um die Katapulteinstellung abzuleiten.

Die Werte werden in eine Tabelle eingetragen. Die unterschiedlichen Regressionsanalysen können in Excel ausgewählt werden und die mathematische Funktion wird bereitgestellt. Damit können entsprechend Prognosen erstellt werden, die anschließend mit dem Katapult überprüfbar sind. Auf diese Weise kann in aktiven Lernschleifen das mathematische Modell für das Katapult stetig verfeinert werden.

Ist ein einsetzbares, genaues Modell erstellt, ist im Optimalfall nur ein Versuch erforderlich, um das geforderte Ziel, z.B. 1,86 m, zu erreichen. Die Einstellparameter für das Katapult ließen sich entsprechend errechne.

Dies wird in den nachfolgenden Experimenten wird die anwendungsbezogene Regressionsrechnung vorgenommen und die entsprechende Excel-Funktionalität dargelegt.

1.7.2 Experiment 11

Experiment	11

Ex 11

Vorgehensweise	Prognose

Methode 1	Regression

Lernziel(e)	Prognoserechnung
	Forecast

Grundeinstellungen		
Zurückziehwinkel	ZW	12
Schusswinkel	SW	6
Schalenhöhe	SH	6
Turmhöhe	TH	A
Gummibandposition	GP	5

Versuchseinstellungen			Ist-Weite	Ist-Weite
1	ZW	12		
2	ZW	12		
3	ZW	8		
4	ZW	8		

Aufgabenstellung und Zielsetzung
Stellen Sie das Katapult mit den Grundeinstellungen ein.
Führen Sie die 4 Versuche durch.
Notieren Sie die Weiten in die Tabelle.
Tragen Sie die Werte in die Grafik ein.
Prognostizieren Sie die Werte für die ZW Einstellungen 10 und 6 als graphische Ableitung.
Überprüfen Sie die Prognose und führen Sie die Versuche mit dem ZW 10 und 6 durch.

Anmerkungen

Experiment | 11

Ergebnisse

	ZW	Weite
1	12	
2	12	
3	8	
4	8	

	ZW	Progn.
	7	
	6	
	5	
	4	

	ZW	Weite
	12	
	12	
	8	
	8	

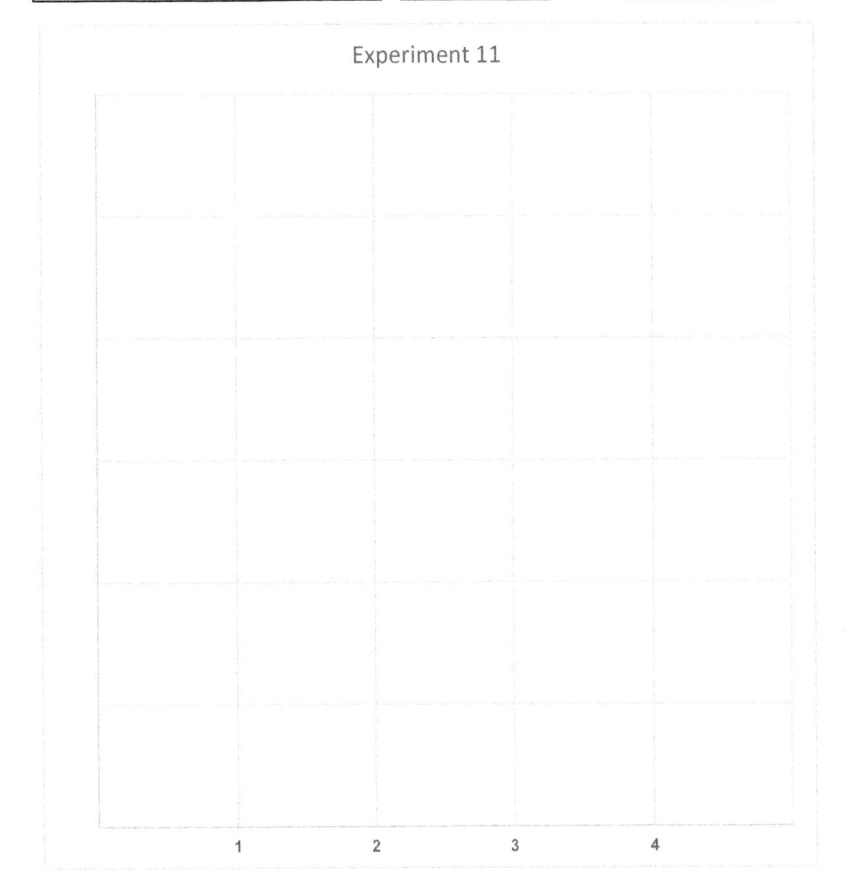

Experiment 11

1   2   3   4

1.7.3 Beispiel 2

Beispiel	2	Bsp 2

Vorgehensweise	Mathematische Forecast/Prognose

Methode 1	Regressionsrechnungen

Lernziel(e)	Prognoserechnung
	Forecast

Grundeinstellungen		
Zurückziehwinkel	ZW	12
Schusswinkel	SW	6
Schalenhöhe	SH	6
Turmhöhe	TH	A
Gummibandposition	GP	5

Versuchseinstellungen			Ist-Weite	Ist-Weite
1	ZW	12	1,68	1,70
2	ZW	12	1,65	1,71
3	ZW	8	1,30	1,35
4	ZW	8	1,38	1,33

Aufgabenstellung und Zielsetzung
Erstellen Sie die in Excel möglichen Regressionsgrafiken

Darstellungsmöglichkeiten (beispielhaft)

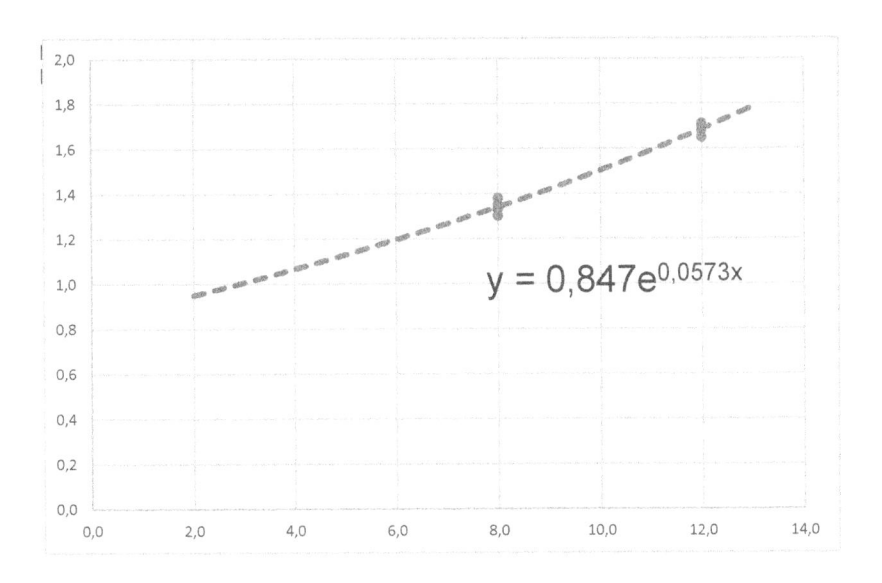

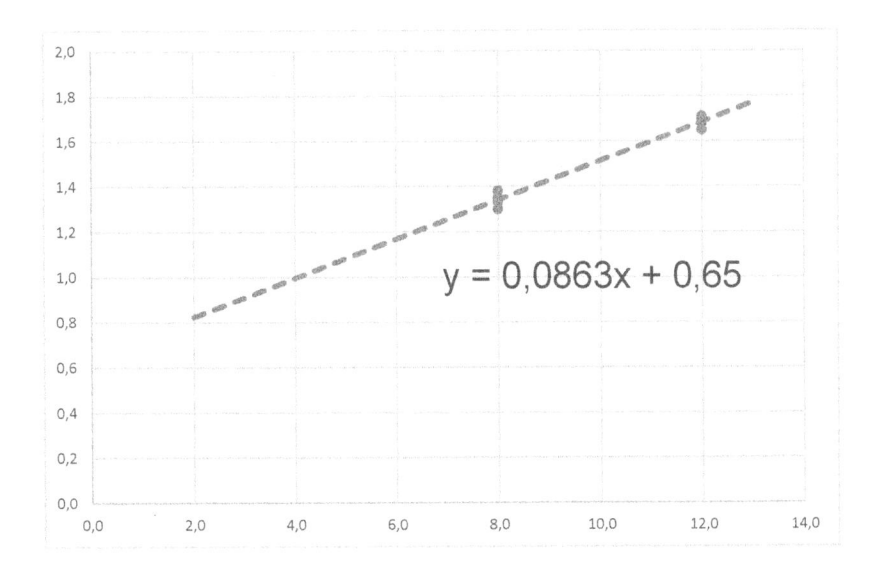

$y = 0{,}847 e^{0{,}0573x}$

$y = 0{,}0863x + 0{,}65$

Darstellungsmöglichkeiten (beispielhaft)

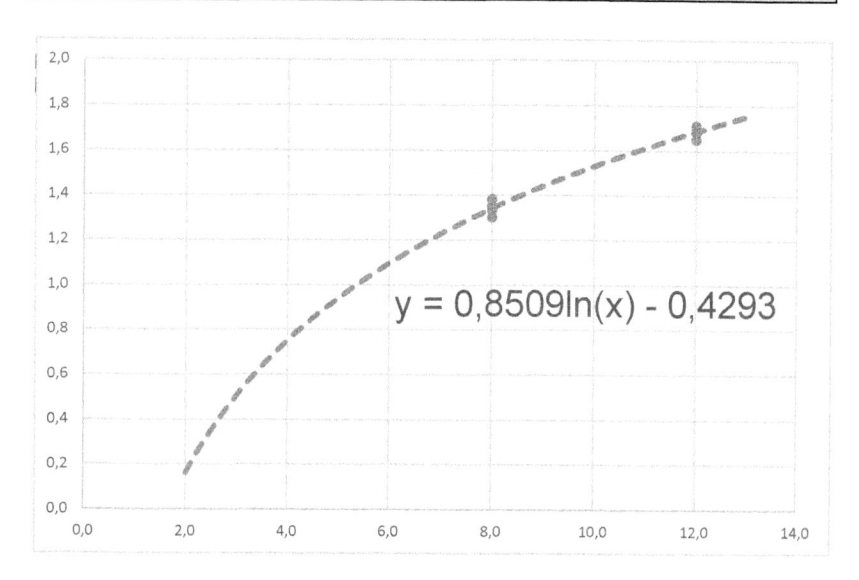

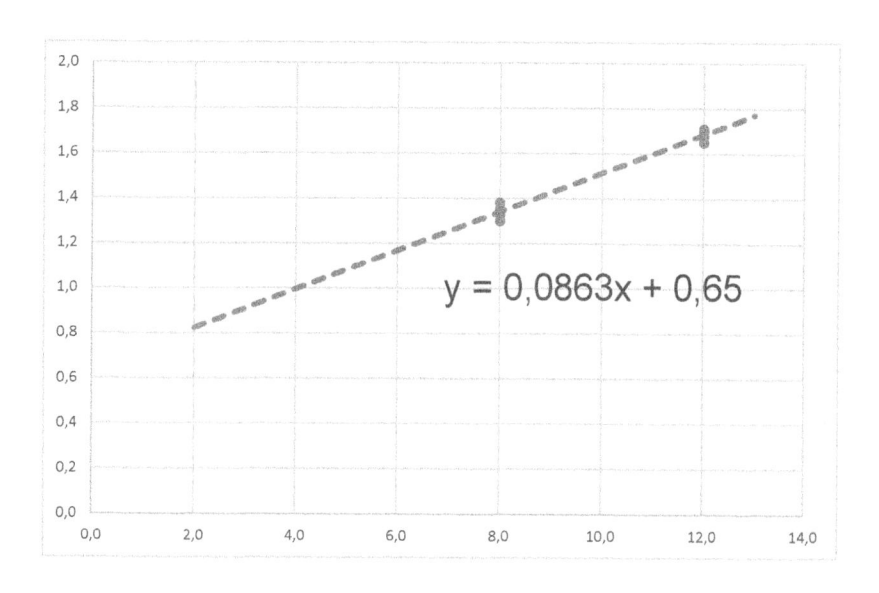

$y = 0{,}8509\ln(x) - 0{,}4293$

$y = 0{,}0863x + 0{,}65$

Darstellungsmöglichkeiten (beispielhaft)

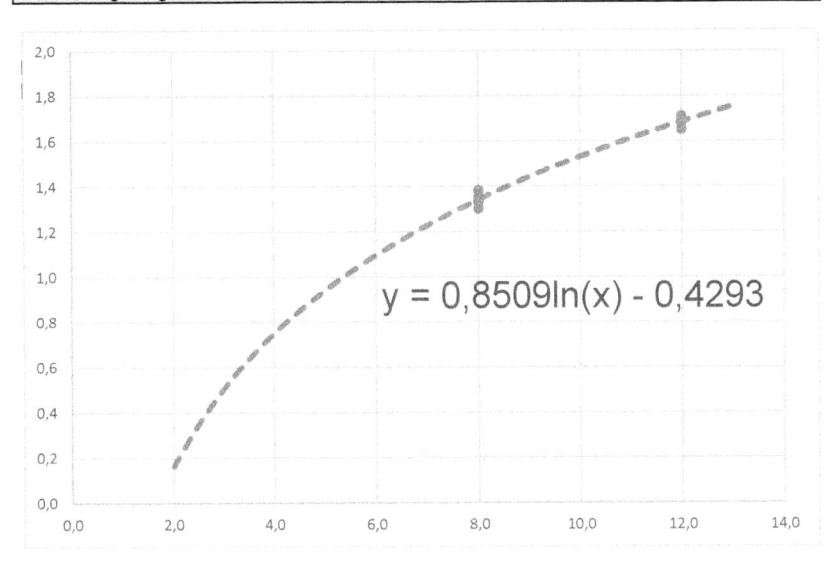

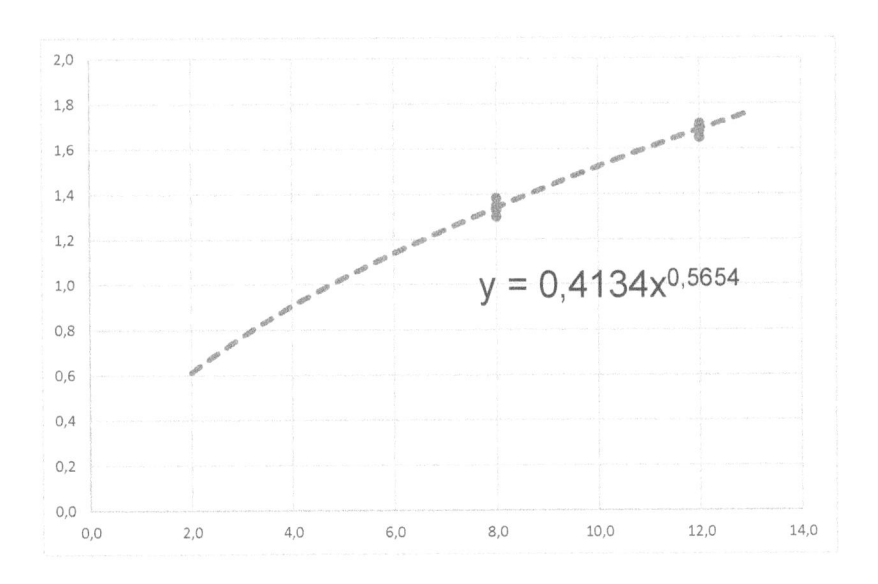

$$y = 0{,}8509\ln(x) - 0{,}4293$$

$$y = 0{,}4134x^{0{,}5654}$$

1.7.4 Ausreißer ermitteln, Regression verbessern

Im Rahmen der Regressionsanalyse werden vorhandene Messwerte verwendet, um einen Wirkungszusammenhang abzuleiten. Basierend auf diesen Beobachtungen können dann Schlussfolgerung getroffen werden.

Jedoch kann es in der betrieblichen Praxis immer wieder auftreten, dass bei Messwerten und Beobachtungen verfälschende Zufallswerte entstehen. Dies können willkürliche Zufallswerte sein, Messfehler oder gar Systemaussetzer. Die möglichen Ursachen sind vielfältig und nur bedingt erklärbar. In diesem Zusammenhang wird dann von Ausreißern gesprochen.

Der Ausreißertest erlaubt die einfache Identifizierung und Eliminierung von Zufallswerten und Verbessert kann die Ergebnisse der Regressionsanalyse.

1.7.5 Beispiel 3

Beispiel	3	Bsp. 3

Modul	Ausreißeranalyse

Ziel	Bereinigen einer Messreihe um Ausreißer vor der Auswertung

Excel Formeln	=QUARTILE.INKL(x:x;x)

Messreihe/Werte	Ist-Weite
	1,57
	1,44
	1,53
	1,38
	1,50
	1,50
	1,36
	1,60
	1,50
	1,38
	1,58
	1,36
	1,34
	1,65
	1,31
	1,37
	1,35
	1,54
	1,34
	1,51
	1,40
	1,55
	1,46
	1,60
	1,45
	1,59
	1,85
	0,95

Aufgabenstellung und Zielsetzung
Untersuchen Sie die IST-Werte auf Ausreißer, welche nicht in einer Analyse berücksichtigt werden sollen.
Eliminieren Sie die Ausreißer und starten Sie mit der Analyse

Lösung

Schritte		
	1.	Messwerte in C105 ff. eintragen
	2.	Kastengrafik, Boxplot erstellen, inkl. Median
	3.	Quartile 1 und 3 berechnen
	4.	Ober-/Untergrenze berechnen
	5.	Ausreißer ermitteln
	6.	Aus Daten Ausreißer löschen
	7.	Daten weiter auswerten

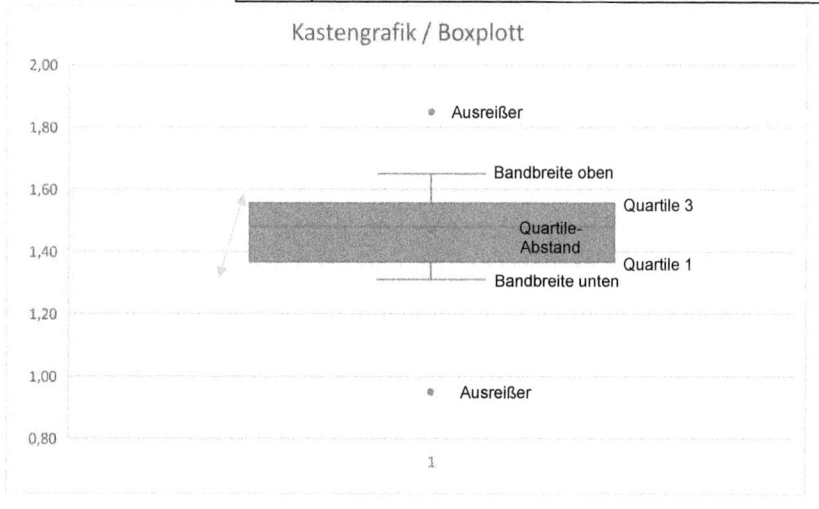

Kastengrafik / Boxplott

(Boxplot-Diagramm mit Ausreißern bei ca. 1,80 und 1,00, Bandbreite oben, Quartile 3, Quartile-Abstand, Quartile 1, Bandbreite unten)

Formeln: =QUARTILE.INKL(x:x;x)
Q1 (unten)   =QUARTILE.INKL(x:x;1)   25% der Werte liegen darunter
                                     75% der Werte liegen darüber
Q3 (oben)   =QUARTILE.INKL(x:x;3)   25% der Werte liegen darüber
                                     75% der Werte liegen drunter

Ausreißer lassen sich auch grafisch direkt ableiten.
Mit der Maus den Punkt in der Grafik anwählen.

> Aussreißer
> Reihen 1 Punkt "1,00"
> Wert: 0,95

C

Daten Update

Messwert > 1,5 Fache Quartile-Abstand + Boxende = Ausreißer

94	1. Quartile (Q1)	1,3675	=QUARTILE.INKL(C105:C132;1)
95	3. Quartile (Q3)	1,5550	=QUARTILE.INKL(C105:C132;3)
97	Quartile-Abstand	0,1875	=C95-C94
98	Quartile-Abs.*1,5	0,2813	=C97*1,5
100	Grenze "unten"	1,0863	=C94-(C97*1,5)
101	Grenze "oben"	1,8363	=(C97*1,5)+C95

	Ist-Weite	Q1 Test	Q3 Test	
105	1,57	o.k.	o.k.	Q1-Test
106	1,44	o.k.	o.k.	=WENN(C105>$C$101;"Aus.";"o.k.")
107	1,53	o.k.	o.k.	Q3-Test
108	1,38	o.k.	o.k.	=WENN(C105>$C$101;"Aus.";"o.k.")
109	1,50	o.k.	o.k.	
110	1,50	o.k.	o.k.	
111	1,36	o.k.	o.k.	
112	1,60	o.k.	o.k.	
113	1,50	o.k.	o.k.	
114	1,38	o.k.	o.k.	
115	1,58	o.k.	o.k.	
116	1,36	o.k.	o.k.	
117	1,34	o.k.	o.k.	
118	1,65	o.k.	o.k.	
119	1,31	o.k.	o.k.	
120	1,37	o.k.	o.k.	
121	1,35	o.k.	o.k.	
122	1,54	o.k.	o.k.	
123	1,34	o.k.	o.k.	
124	1,51	o.k.	o.k.	
125	1,40	o.k.	o.k.	
126	1,55	o.k.	o.k.	
127	1,46	o.k.	o.k.	
128	1,60	o.k.	o.k.	
129	1,45	o.k.	o.k.	
130	1,59	o.k.	o.k.	
131	1,85	nicht o.k.	o.k.	
132	0,95	o.k.	nicht o.k.	

Dr. C. Hermsen

Prozessanalyse und -steuerung

2 Prozessanalyse und Prozesssteuerung

Im Rahmen des Trainings mit dem Katapult kann die ganze Facette eine Prozess- und Qualitätsmanagements umfassend praxisnah betrachtet und verdeutlicht werden.
Die kann bei technischen Fragen des Materials des Katapultes, den Einfluss der Masse des zu katapultierenden Objektes bis zu ballistischen Kurven der Flugbahn gehen. Sehr schnell werden auch gruppendynamischen Prozessen deutlich oder die Interaktion von unterschiedlichen Teams, welche nachhaltig die Ergebnisse beeinflussen können.
Darüber hinaus werden Fragen der Führung, Selbstorganisation und Wissensaustausch im Team aufgeworfen. Ein komplexes Zusammenspiel von vielen Bereichen - Wie im richtigen Leben!
Bei einer näheren Betrachtung und Auswahl der Themenfelder der Veranstaltung sollten, um bessere Ergebnisse im Sinne der Zielsetzung zu gewährleisten, die messbaren Fragestellungen und die Erarbeitung von Maßnahmenplänen im Vordergrund stehen.

Ebenso bedürfen die weiteren, nicht einfach beeinflussbaren, Themen einer genaueren Betrachtung, welche zu einem tieferen Verständnis der Funktionsweisen des Katapult-Prozesses beitragen und zum nachhaltigen Lernprozess führen. An dieser Stelle sei ausdrücklich auf die gruppendynamischen Prozesse und Fragen der Sozialpsychologie verwiesen, welche mit betrachtet werden können. Diese Themen sind aber nicht Gegenstand dieses Arbeitsbuches.

2.1 Ursache und Wirkung: Fischgrätendiagramm

Durch die Experimente wurden die Funktionsweisen des Katapultes in ersten einfachen Wirkungszusammenhängen deutlich. Erste Lösungsmöglichkeiten der Funktion des Katapultes in Bezug auf die Einstellungsparameter und der daraus resultierenden Weiten konnten grafisch oder mathematisch in einfache Rechenfunktionen übertragen werden. Diese ersten Schritte einer mathematischen Abbildung der Realität war die Grundvoraussetzung einer nun weiteren Performanceverbesserung.
Der Zusammenhang von Prozessverständnis und dem daraus abgeleiteten Rechenmodell mit stetigem Vergleich der Ergebnisse der realisierten Schussweite stellt das Grundprinzip des Lern- und Steuerkreislaufes dar.
Wird dieser Kreislauf einmal als aktiver Lernprozess implementiert, führt die stetige Verbesserung und Verfeinerung des Prozessverständnisses und deren rechnerischen Umsetzung zu nachhaltig besseren Ergebnissen in der Zielerreichung der Teams.

Der Teamerfolg im Sinne einer deutlichen Verbesserung stellt sich recht schnell ein. Die Performance wird dann von den Teams nach einigen Experimenten als sehr gut empfunden.

Damit dieser Lernprozess nun systematischer und zielgerichtete verläuft, hilft das Fischgrätendiagramm als Analyseinstrument für weitere Verbesserungen. Insbesondere dann, wenn die absoluten Verbesserungsschritte nun immer geringer werden.

Das Fischgrätendiagramm stellt in einer einfachen grafischen Form eine Möglichkeit dar, Ursachen und Wirkungen übersichtlich darzustellen um daraus mögliche Wirkungsmechanismen für eine Maßnahmenplanung abzuleiten. Hierbei sollen die jeweiligen Problemursachen identifiziert und Abhängigkeiten dargestellt werden. Ziel dieser Analyse ist es, die genaue Weite eines Schusses mehrfach und nachhaltig bei geringen Abweichungen zu erreichen und damit Prozessstabilität zu gewährleisten.

Brainstorming und Hypothesenbildung, mit anschließender Prüfung der Hypothesen durch Maßnahmenimplementierung in weiteren Versuchen stellen einen kontinuierlichen Lernkreislauf dar. Aktive Lernschleifen der Teilnehmer mit dem Ziel, stabile Prozesse und dokumentierte Wirkungszusammenhänge bei verbesserter Zielerreichung zu dokumentieren.

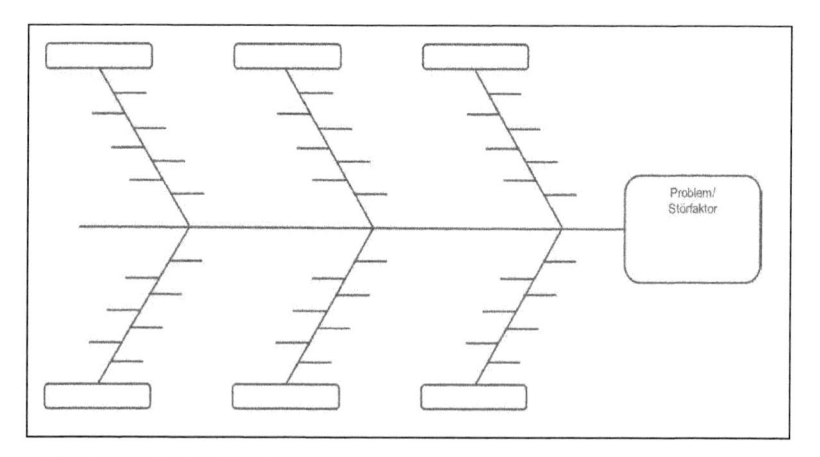

Abb. 9: Fischgrätendiagramm
(Vgl. Brüggemann/Bremer (2015), S. 23 ff)

Basierend auf der Prozessanalyse, hier mit dem Fischgrätendiagramm, sollen die Teilnehmer nun Maßnahmen ableiten, welche bei weiteren Versuchsaufbauten vorgenommen werden sollen, um die Ergebnisse zu verbessern. Auf diese Weise werden auch die nicht sofort offensichtlichen Einflüsse deutlich, welche das Ergebnis beeinflussen.

Basierend auf dem Fischgrätendiagramm sind dann auch die Prioritäten der einzelnen Maßnahmen ableitbar.
Basierend auf dem Fischgrätendiagram ist auch eine genauere Problembeschreibung erforderlich. Wird beispielsweise die Fixierung des Katapultes auf dem Tisch und die Fixierung thematisiert, ist zu klären, wie die Fixierung erfolgen soll. Es sind dann diverse Maßnahmen abzustimmen, wie eine Befestigung erfolgen soll unter Abwägung der verfügbaren Materialien.

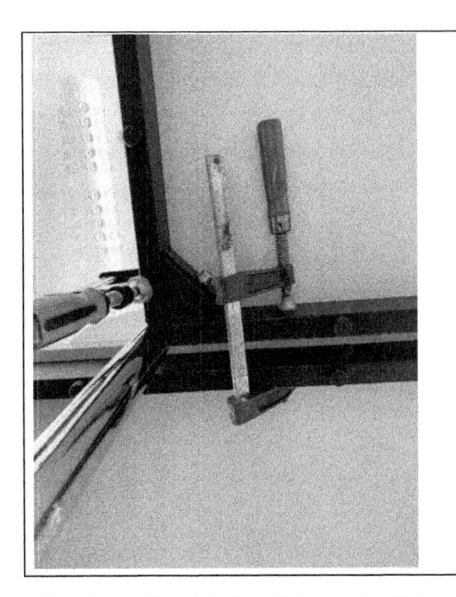

Abb. 10: Bespiel einer Fixierung des Katapulttisches

Wesentliche Erkenntnisse sind i.d.R.:
- *Fixierung des Katapultes (z.B. Feststellzwinge)*
- *Fixierung des Tisches des Katapultes (bei mehr als zwei Tischen)*
- *Unterstützung des Katapultbedieners durch zwei oder mehr Teilnehmer (z.B. Katapult zusätzlich fixieren, Kontrolle des ZW, Unterstützung beim Ballauflegen und Ballholen)*
- *... viele weitere Möglichkeiten*

Häufige Lösungsansätze sind die Fixierung mit weiteren Schraubzwingen, dem festen Verschrauben des Katapultes auf einer großen Holzplatte und diese mit dem Tisch zu fixieren. Ebenso das Umbauen des Katapultes mit diversen Gewichten (z.B. schweren Büchern) ist als eine häufige Lösungsstrategie von den Teilnehmern vorgeschlagen worden. Weiteren kreativen Varianten sind sicherlich keine Grenzen gesetzt.

Eine aktive Betrachtung aller Lösungen und die Entscheidung des Teams über die vermutete Wirkung einer Fixierung mit entsprechender Festlegung der Reihenfolge ist eine zentrale Aufgabe von Team und Teamführung. Die anschließende Überprüfung, welche Maßnahme final erfolgen soll, kann somit das Ergebnis eines aktiven Gruppenprozesses sein.

Anschließend erfolgt dann die Umsetzung der erdachten Lösungen. Hier treten dann auch häufig **Unzulänglichkeiten auf**, da die „schweren Bücher" die neben dem Katapult positioniert wurden, nicht die erhoffte Wirkung bezüglich der Stabilität zur Folge haben. Bei einigen **Teams führte auch die fehlenden „handwerklichen" Fähigkeiten zu Schwierigkeiten.** Nicht allen Teilnehmern war es möglich die Schraubzwinge genau zu positionieren und ausreichend fest anzuziehen.

Hierbei wurden erfolgreich Grenzthemen im Rahmen einer erfolgreichen Implementierungsstrategie thematisiert und der Einsatz von Implementierungsmaßnahen angesprochen.

2.2 Prozessstabilität und Verbesserung

Wurden die Themen einer Verbesserung der Prozessstabilität durch Hypothesenbildung und Prüfung des **„neuen" Prozesses verändert, gilt es** zu prüfen, ob eine nachhaltige Verbesserung eingetreten ist. Hier sind jeweils unterschiedliche Experimente als Wiederholung einsetzbar.

Zur Dokumentation der Verbesserung gehören im ersten Schritt die Dokumentation der getroffenen Maßnahmen und die damit erreichten Ziele. Ausdrücklich ist darauf zu achten, dass jeweils EINZELNE Maßnahmen schrittweise umgesetzt werden, um nicht nur bessere Ergebnisse zu erzielen, sondern auch festzustellen, welche Wirkung eine jede Maßnahme hatte.

Ziel des Verbesserungsprozesses ist es nicht nur, bessere Weiten und geringere Streuung zu erreichen, sondern insbesondere auch die Wirkungsmechanismen des Katapultes zu verstehen und daraus Verhaltensänderungen (Prozessverbesserungen) in der Zukunft abzuleiten.

Im Rahmen einer Maßnahmenplanung setzte eine Gruppe von 4 Studenten zwischen zwei Versuchen sofort 5 Maßnahmen um, damit die Streuung der Zielweite verringert wurde. Das Ziel wurde erreicht, und die Varianz sank deutlich. Das Team war mit der Leistung sehr zufrieden.
Die Frage: Welche ihrer Maßnahmen war die Wirkungsvollste?

Naturgemäß konnte die Frage nicht beantwortet werden. Daraufhin wurden alle 5 Maßnahmen nochmals einzeln wiederholt. Das Ergebnis war erstaunlich: 4 Maßnahmen zeigten keine statistische Wirkung. Eine Maßnahme wiederum war für 99% der Verbesserung verantwortlich (Anschlag für den Zurückziehwinkel). Diese eine hätte vollkommen ausgereicht.

An dieser Stelle ist insbesondere auf die betriebliche Praxis zu verweisen. Es gilt, die Zusammenhänge von Maßnahme und Wirkung, z.B. in einem Produktionsprozess, nachhaltig zu verstehen und komplexe Prozesse durch kontinuierliche Verbesserung/Lerneffekte nachhaltig zu einem höheren Qualitätsniveau zu führen.

Im Rahmen eines Vergleiches von zwei Experimenten besteht nur dann die Möglichkeit statistischer Aussagen, welcher Versuch erfolgreicher war, durch eine Betrachtung einzelner statistischer Kenngrößen oder direkt mit einem statistischen Vergleich den „besseren" Versuch zu ermitteln.

Hierbei sollten dann nicht nur technische-/, sondern auch organisatorische Fragestellungen mitberücksichtigt werden. Beispielsweise können die Laufwege thematisiert werden, welche zurückgelegt werden müssen um den Ball wieder zum Katapult zu bringen. Dies basiert auf dem Schluss, dass „viel Lauferei" Unruhe in den Prozess bringt und damit die Genauigkeit reduziert. Ebenso der längere Zeitbedarf, bis ein neuer Schussversuch vorgenommen werden kann.

Je nach Rahmenparametern kann bei jedem Experiment noch ein Zeitfenster definiert werden. Entweder als Restriktion, dass die Versuche in einem Zeitrahmen durchgeführt sein müssen, oder in einem Zeitfenster möglichst viele Versuche zu erzielen sind. Nachfolgend werden einige Beispiele aufgeführt.

Beispiel von Lösungen der Teilnehmer zur Prozessverbesserung nach dem Katapultversuch:

- *Barrikade auf dem Tisch damit der Ball zurückspringt und gefangen werden kann*
- *Auffangen des Balles mit Papierkörben, um die Fangleistung zu verbessern*
- *Jacken und Mäntel werden zur Dämpfung und Kanalisierung des Ballauslaufes eingesetzt*
- *Umräumen der Versuchsanordnung mit dem Tischende an einer Seminarwand, damit der Ball abprallt und zum Katapult zurückspringt und das Team hinter dem Bediener steht, auffängt und sofort wieder betriebsbereit ist. Hier werden auch noch alle Sicherheitsanforderungen erfüllt. Der Aufwand ist jedoch deutlich höher.*
- *Teamauswahl nach den „besten Fängern" und aufbauen einer Menschenkette zum zurückreichen des Balles*
- *... und viele weitere*

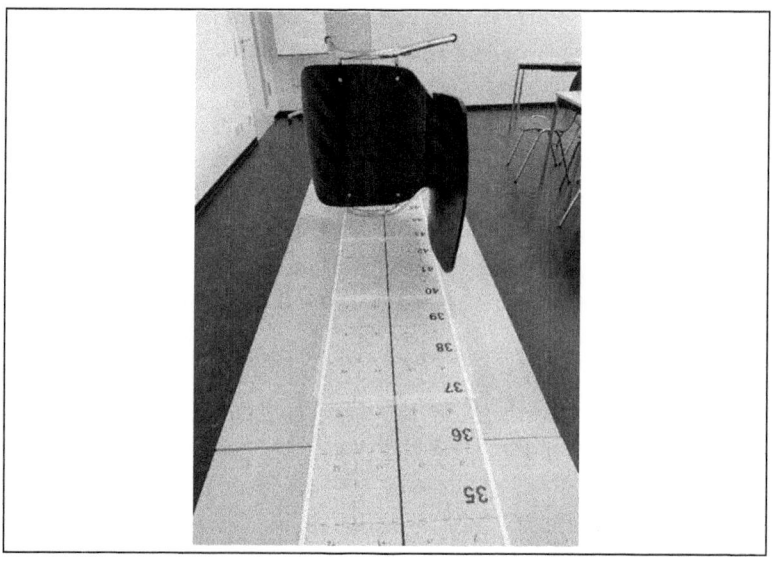

Abb. 11: Beispielhafte Lösung zur Reduzierung der Laufwege und Ladezeiten

Nachdem die rein technische Funktion durch die Anzahl der Experimente sich schnell verbessert und anschließend die organisatorischen Prozesse mit betrachtet und verbessert werden, ist die zweite deutliche Verbesserung erkennbar.

Die Teilnehmer erkennen die Leistungssteigerung und der Erfolg begeistert.

Die Beurteilung der Performance bei der relativen Verbesserung gegenüber dem 1. Experiment wird nun im nächsten Schritt mit einem objektiv, möglichen Leistungsniveau vergleichen, der „best practice".

2.3 Zielerreichung und Normalverteilung

Die zentrale Fragestellung ist nun, wie eine objektive Performancebeurteilung zu erzielen ist? Welches statistische Verfahren kann eingesetzt werden, um die Performance mit einem objektiven Maßstab zu beurteilen?
Eine sehr gute Beurteilung des Leistungsniveaus ist unter der Zuhilfenahme der Normalverteilung, bzw. standardisierten Normalverteilung, möglich.

Mit der Normalverteilung kann eine sehr gute Einschätzung über die absolute Leistungsfähigkeit der erreichten Ergebnisse gemacht werden. Als Benchmark ist die Normalverteilung in der betrieblichen Praxis die best practice des Besten.
Die Gausche-Normalverteilung, oder auch Glockenkurve genannt, steht für die mathematische Akzeptanz des Zufalles in der betrieblichen Praxis. Die unendliche Anzahl von Mikroentscheidungen, nachdem alle Steuerelemente nahezu perfekt beherrscht werden, führt in der Summe immer zu einer Normalverteilung und damit zur Normalwahrscheinlichkeit des Auftretens von Ereignissen.
Für unsere Experimente heißt dies: Wenn wir den Prozess des Katapultes sehr gut beherrschen, müssen die erreichten Weiten der Verteilung der (Standard-)Normalverteilung entsprechen. Dann liegt einen mathematisch sehr gut gesteuerten Prozess vor.
Entspricht die Verteilung hingegen nicht der Glockenkurve, sind weitere Prozessverbesserungen mit bekannten Steuergrößen erforderlich oder es müssen weitere Steuergrößen identifiziert und mit einbezogen werden. Zusätzliche Verbesserungsmaßnahmen können erarbeitet werden, welche dann zu einer nachhaltigen Verbesserung in der Erreichung der gewünschten Ziele führen.

Vergleicht man die Schussweiten bei unseren Experimenten mit der stochastischen Normalverteilung, setzen wir die Weiten in einen objektiven Vergleich zu sehr gut kontrollierten System. Abweichungen von dieser Normalverteilung zeigen dann auf, dass die Prozesssteuerung noch verbesserungsfähig ist.

Diese zufällige Verteilung stellt daher die natürlichen Abweichungen durch die nicht zu steuernden Variablen dar, welche im Rahmen von Prozessen NICHT steuerbar erscheinen.

Zur Berechnung der Normalverteilung in Excel kann nachfolgende Formel verwendet werden:

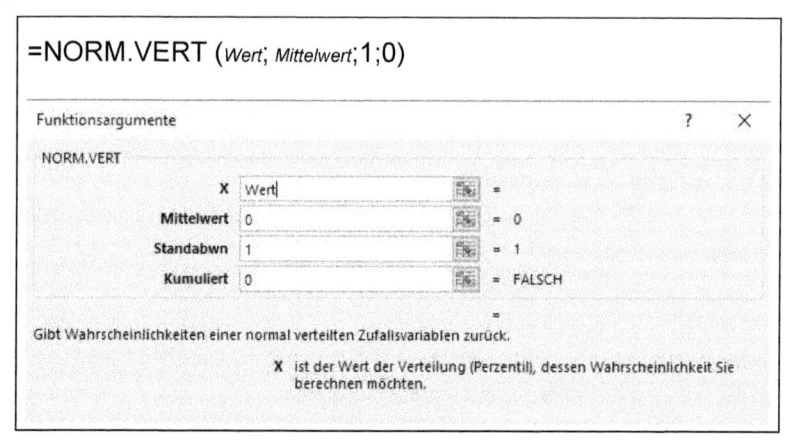

=NORM.VERT (Wert; Mittelwert;1;0)

Funktionsargumente			? X
NORM.VERT			
X	Wert		=
Mittelwert	0		= 0
Standabwn	1		= 1
Kumuliert	0		= FALSCH

Gibt Wahrscheinlichkeiten einer normal verteilten Zufallsvariablen zurück.

    X ist der Wert der Verteilung (Perzentil), dessen Wahrscheinlichkeit Sie berechnen möchten.

Abb. 12:   Parameter Excel Formel Normalverteilung
           Quelle: Microsoft Excel

Bei einem gegebenen Mittelwert, z.B. 0, und einen Anfangswert von -4 und +4 wird dann bei -2 der Wert 0,05399097 ermittelt, welcher besagt, dass bei einer Normalverteilung der Wert -2 nur zu 5,399% zu erwarten ist.

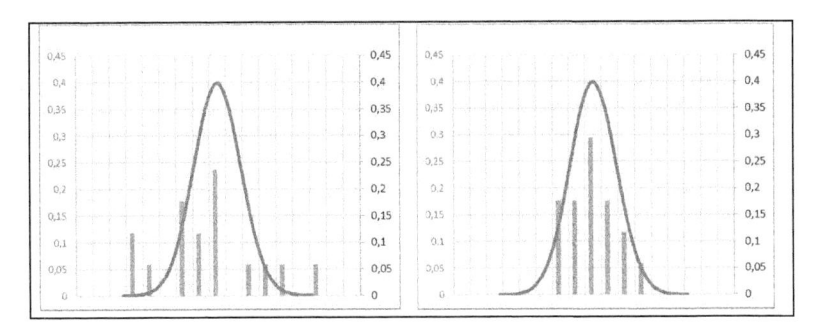

Abb. 13:   Beispiel der Verteilung der Schussweiten mit der Normalverteilung
bei einem 2. und 8. Versuch

Im Rahmen von Veranstaltungen hat sich der Vergleich mit der Normalverteilung mit Excel als graphisches Abweichungsverfahren bewährt. Hierbei wir eine Glockenkurve als %-Verteilung erstellt und mit der erzielten Häufigkeitsverteilung in % mit den erzielten Weiten verglichen. Dies ist in einem ersten Schritt vollkommen ausreichend, um die Leistungsfähigkeit der Teams und das jeweilige Leistungsniveau aufzuzeigen. Eine genauere, statistisch ermittelte Abweichung erfolgt dann, wenn eine sehr gute Annäherung der realisierten Ergebnisse mit der Normalverteilung erreicht wird und nicht mehr „offensichtlich" erkennbar ist.
Bzgl. der mathematischen Ermittlung und Herleitung sei auf die Literatur im Literaturverzeichnis verwiesen. Hierbei liegen etwa 95 % der erzielten Weiten innerhalb von 2 Standardabweichungen vom Mittelwert aus gemessen. Dies wird auch als 2 Sigma bezeichnet. Bei 95 % der Werte für die Erzielten Schussweiten befinden sich dabei innerhalb von 1,96 Standardabweichungen vom Mittelwert (zwischen −1,96 und +1,96). Daher befinden sich nun weniger als 5 % (0,05=Alpha Wert) der Beobachtungen außerhalb dieses Bereichs. Dieser Bereich bildet die Grundlage für das hier verwendete Alpha-Niveau von 0,05 beim t-Test.
    Etwa 68 % der Beobachtungen liegen innerhalb von nur 1 Standardabweichung vom Mittelwert (-1 bis +1), und etwa 99,7 % der Beobachtungen liegen innerhalb von 3 Sigma vom Mittelwert (-3 bis +3).

2.3.1 Experiment 12

Experiment	12

Ex 12

Vorgehensweise	Vergleich mit Normalverteilung
Methode 1	Abweichung von gegebener Verteilung
Lernziel(e)	Ist-Werte beurteilen

Daten

	Ist-Weite	Ziel-Weite
1		1,50
2		
3		
4		
5		
6		
7		
8		
9		
10		
11		
12		
13		
14		
15		
16		
17		
18		
19		
20		

Aufgabenstellung und Zielsetzung
Gegeben sind folgende Weiten. (Bzw. 20 Versuche mit den gg. Einstellungen).
Tragen Sie Ihre Weiten in die Grafik ein.
Erstellen Sie ein Häufigkeitsdiagramm.

| Experiment | 12 |

Experiment 12

1 2 3 4 5 6 7 8 9 10 11 12 13 14 15 16 17 18 19 20

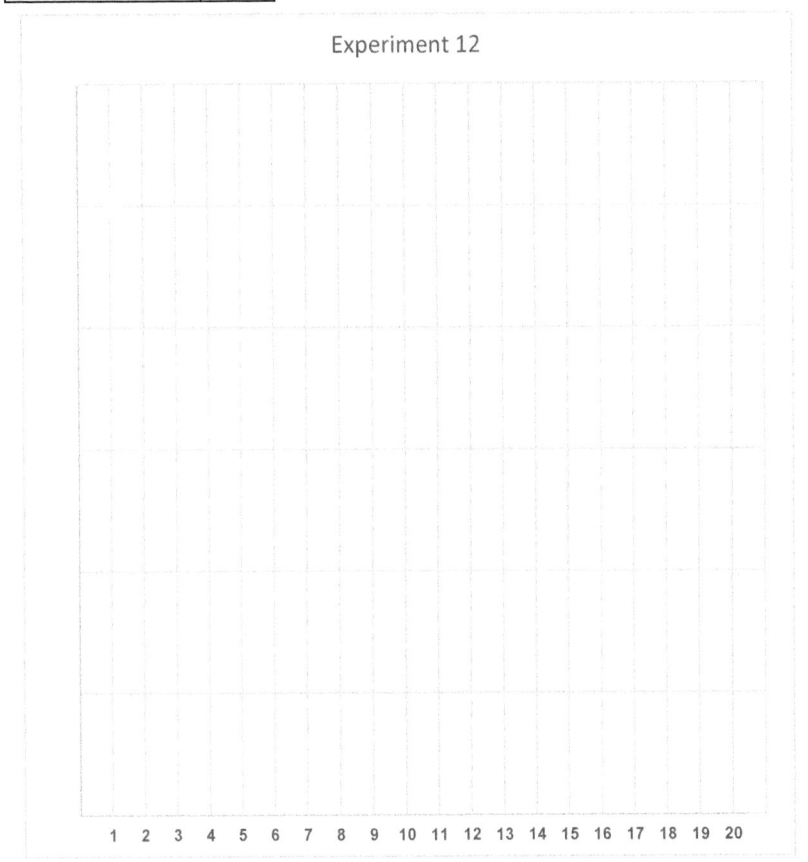

| Diskussionspunkte |
| Wie beurteilen Sie das Ergebnis? |
| Wie erhalten Sie Bezugsgrößen um das Ergebnis zu beurteilen? |

2.3.2 Beispiel 4

Beispiel	4		Bsp 4

Vorgehensweise	Vergleich der Verteilung der Weiten

Methode 1	Verteilung ermitteln

Lernziel(e)	Ist-Werte beurteilen

Daten

	Ist-Weite	Ziel-Weite
1	1,46	1,50
2	1,45	
3	1,56	
4	1,54	
5	1,48	
6	1,48	
7	1,49	
8	1,52	
9	1,40	
10	1,52	
11	1,52	
12	1,45	
13	1,51	
14	1,53	
15	1,51	
16	1,50	
17	1,51	
18	1,50	
19	1,45	
20	1,55	

Max 1,56
Min 1,40

| Darstellungsmöglichkeiten (beispielhaft) |

Pareto Diagramm

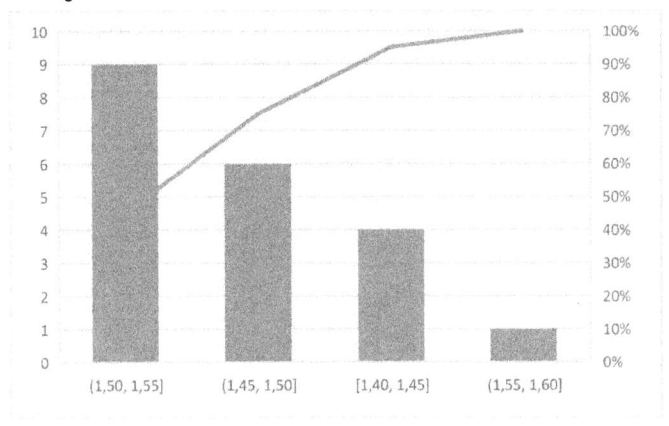

Histogramm

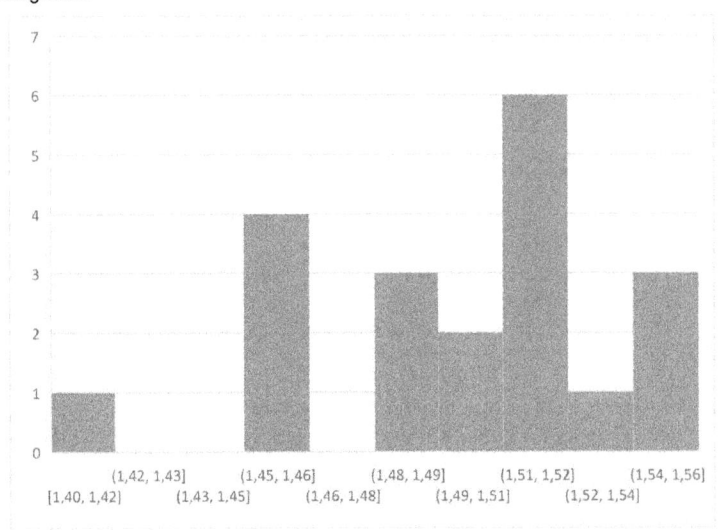

Dr. C. Hermsen

2.3.3 Experiment 13

Experiment	13	Ex 13
Vorgehensweise	Versuche und Vergleich mit Normalverteilung	
Methode 1	Verteilung, Abweichung	
Lernziel(e)	Stochastik	
	Abweichungsanalyse	

Grundeinstellungen		
Zurückziehwinkel	ZW	12
Schusswinkel	SW	6
Schalenhöhe	SH	6
Turmhöhe	TH	A
Gummibandposition	GP	5

Versuchseinstellungen			Ist-Weite	Ist-Weite	Ist-Weite	Ist-Weite
1	ZW	12				
2	ZW	12				
3	ZW	12				
4	ZW	12				
5	ZW	12				

Aufgabenstellung und Zielsetzung
Stellen Sie das Katapult mit den Grundeinstellungen ein.
Führen Sie die 20 Versuche durch.
Notieren Sie die Weiten in die Tabelle.
Ermitteln Sie den Mittelwert
Tragen Sie den Mittelwert in die Grafik ein ("Spitze" der Glockenkurve)
Ermitteln Sie die Häufigkeit (in %), wie oft Sie die jeweilige Weite erreicht haben.
Beurteilen Sie Ihre Leistung anhand der Normalverteilung.
Leiten Sie Maßnahmen zur Verbesserung des Prozesses ab.

Anmerkungen
Maßnahmenableitung als Gruppenprozess.
Verwendung diverser Analysehilfsmittel.
Maßnahmenplan erstellen.

| Experiment | 13 |

Ergebnisse

	Ist-Weite	Ist-Weite	Ist-Weite	Ist-Weite
1/6				
2/7				
3/8				
4/9				
4/10				

Experiment 13

Mittelwert

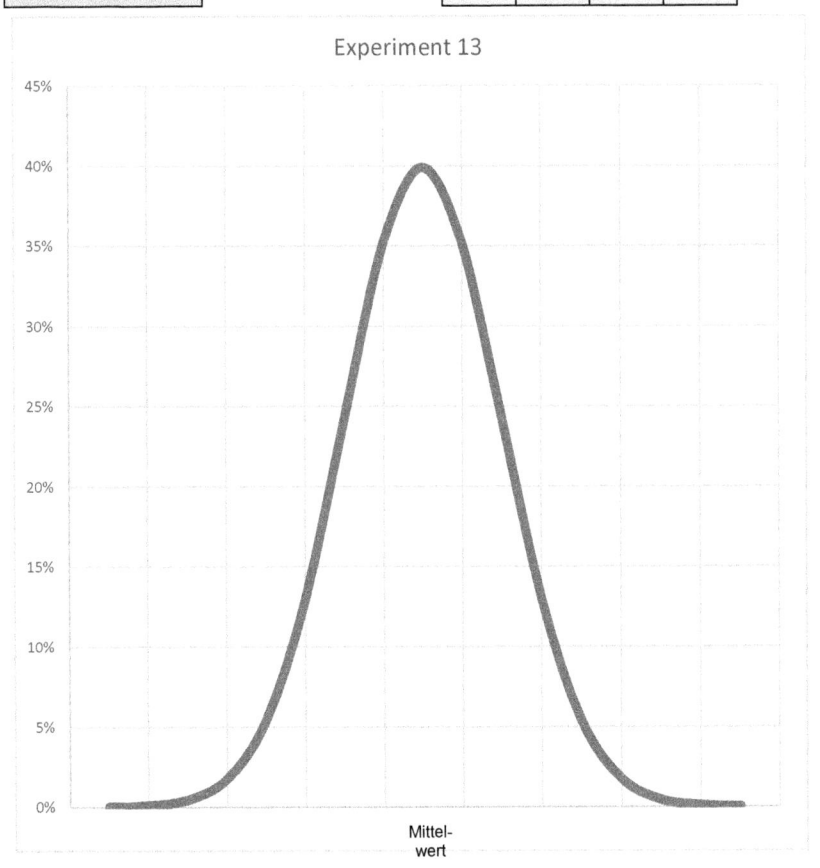

Dr. C. Hermsen

2.3.4 Beispiel 5

Beispiel	5

Bsp 5

Vorgehensweise	Versuche und Vergleich mit Normalverteilung
Methode 1	Verteilung, Abweichung
Lernziel(e)	Stochastik
	Abweichungsanalyse

Daten

	Ist-Weite
1	1,46
2	1,49
3	1,50
4	1,57
5	1,48
6	1,47
7	1,49
8	1,55
9	1,49
10	1,50
11	1,42
12	1,50
13	1,52
14	1,53
15	1,55
16	1,52
17	1,54

Ziel-Weite
1,50

Max	1,57
Min	1,42
Mittelwert	1,50

Darstellungsmöglichkeiten   (beispielhaft)

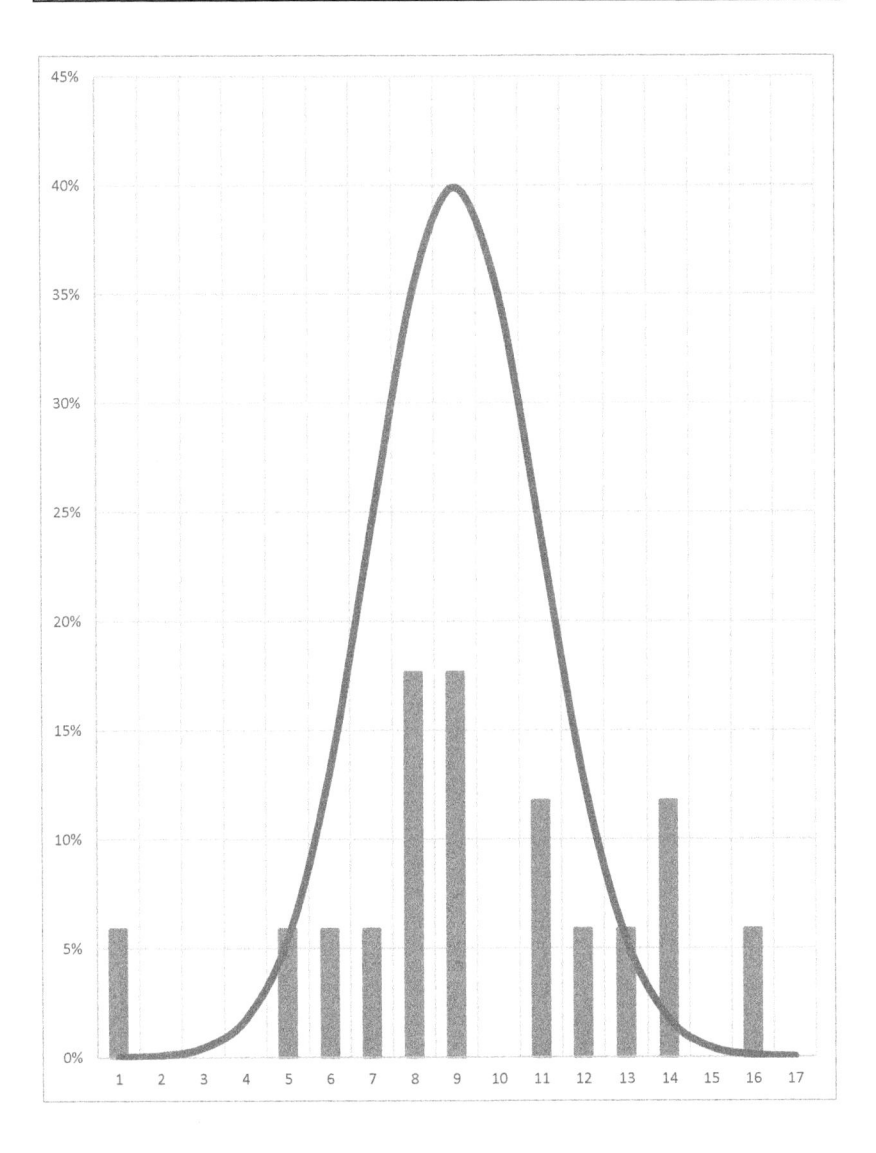

2.3.5 Experiment 14

Experiment	14		Ex 14

Vorgehensweise	Versuche und Verbesserung

Methode 1	Verteilung, USL / LSL

Lernziel(e)	Stochastik
	Abweichungsanalyse

Grundeinstellungen		
Zurückziehwinkel	ZW	12
Schusswinkel	SW	6
Schalenhöhe	SH	6
Turmhöhe	TH	A
Gummibandposition	GP	5

Ziel-Weite: 1,50

Versuchseinstellungen			Ist-Weite	Ist-Weite	Ist-Weite	Ist-Weite
1	ZW	12				
2	ZW	12				
3	ZW	12				
4	ZW	12				
5	ZW	12				

Aufgabenstellung und Zielsetzung
Setzen Sie Ihre Maßnahmen zur Prozessverbesserung um. Führen Sie 20 Versuche durch. Tragen Sie den Mittelwert in die Grafik ein ("Spitze" der Glockenkurve) Ermitteln Sie die Häufigkeit (in %), wie oft Sie die jeweilige Weite erreicht haben. Beurteilen Sie Ihre Leistung anhand der Über-/Unterschreitung der Grenzwerte. Welche Verbesserung ist eingetreten? Erarbeiten Sie einen Maßnahmenplan zur Einhaltung der Grenzwerte!

Anmerkungen

| Experiment | 14 |

Ergebnisse

1/6
2/7
3/8
4/9
4/10

Ist-Weite	Ist-Weite	Ist-Weite	Ist-Weite

Experiment 14

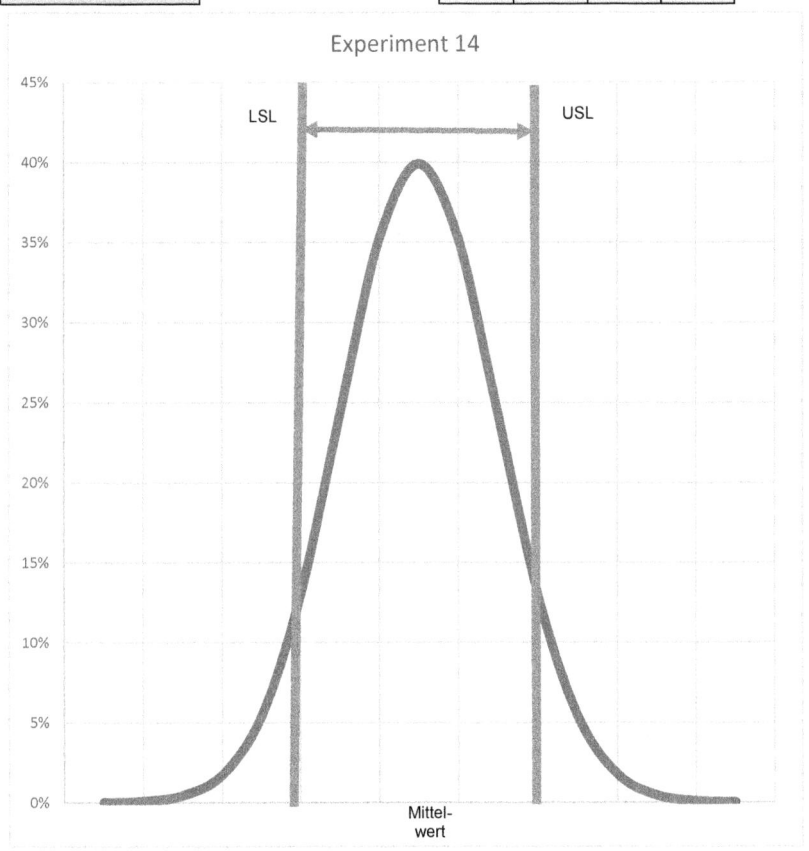

LSL · USL · Mittelwert

Die Grenzwerte LSL und USL stellen in der betrieblichen Praxis den Output dar, welcher den Qualitätsanforderungen des Marktes entspricht (LSL = untere Spezifikationsgrenze, USL = obere Spezifikationsgrenze)

Für das Katapult sind nur die Weiten innerhalb des definierten Qualitätszieles als „verkaufbare Produkte" zu verstehen und die davon abweichenden Weiten stellen den Ausschuss im Sinne eines Produktionsprozesses und damit Kosten dar.

Wird diese objektive Leistungsbetrachtung herangezogen, wird für die Teams sehr schnell deutliche, das einer relativ schneller Verbesserung vom 1. bis zum 3 Versuch festzustellen war, das Ziel einer Normalverteilung jedoch noch nicht erreicht wurde.
Durch ein vermehrtes Experimentieren mit Versuch- und Irrtum werden im Lernzyklus die Ergebnisse immer besser bei gleichzeitig abnehmenden Einzelverbesserung einer jeden Maßnahme. Die Schrittweite zur Annäherung an die Normalverteilung wird dabei immer geringer und es erfordert immer höhere Anstrengungen eine Verbesserung zu erzielen.
Dabei wird den Teilnehmern sehr schnell verdeutlicht, welch hoher Qualitätsanspruch die Normalverteilung an Prozesse stellt.

Hat der Prozess nun ein Niveau erreicht bei dem nicht mehr offensichtlich ist, ob eine Verbesserung nach einer Maßnahme eingetreten ist, kann der t-Test (abhängig) als statistisches Instrument zeigen, ob nach einer Maßnahme eine statistisch bessere Zielperformance realisiert werden konnte.

2.4 t-Test

2.4.1 Wirkung einer Maßnahme

Bei der statistischen Funktion des t-Testes wird grundsätzlich zwischen abhängigen und unabhängigen Stichproben unterschieden. Bei unabhängigen Stichproben könnte ermittelt werden, ob z.B. ein 4-wöchiges Lauftraining die Pulsfrequenz von Probanden senkt. Also hat man eine relativ große Kontrollgruppe oder Grundgesamtheit und eine häufig kleinere Gruppe, bei welcher eine Veränderung einer Variablen (hier ein Lauftraining) vorgenommen wird. Mit Hilfe der statistischen Funktion des unabhängigen t-Testes ist ermittelbar, ob eine statistisch messbare Veränderung durch ein Training zu einem geringeren Ruhepuls geführt hat.

Der t-Test eliminiert statistische Standardfehler, die sonst die Betrachtung verfälschen könnten und zu falschen Aussagen verleiten würden. Es ist also eine verfeinerte Methode für fortgeschrittene Prozessoptimierungen.

Für unseren Versuchsaufbau mit dem Katapult soll mit dem t-Test nun ermittelt werden, ob eine Maßnahme von der wir annehmen, dass diese den Prozess verbessert hat (im Sinne einer höheren Trefferquote der Zielreichweite), wirkungsvoll war. Der t-Test (abhängig) soll den statistischen Beweis dazu erbringen.

Der abhängige t-Test zeigt also an, ob eine Maßnahme im Sinne der Zielerreichung eine statistisch messbare Verbesserung gegenüber der vorherigen Situation erbracht hat.

2.4.2 Beispiel 6

Beispiel	6

Bsp. 6

Modul	T-Test, abhängig (Paarvergleichstest)

Ziel	Wirkung einer Maßnahme, 1. Vorher, 2. nachher

Excel Menü	DATENANALYSE, ZWEISTICHPROBEN t-TEST BEI ABHÄNG:

Messreihe/Werte	F 1. Ist-Weite	H 2. Ist-Weite
12	1,57	1,56
13	1,44	1,48
14	1,53	1,62
15	1,38	1,40
16	1,50	1,50
17	1,50	1,56
18	1,36	1,38
19	1,60	1,56
20	1,50	1,60
21	1,38	1,40
22	1,58	1,67
23	1,36	1,37
24	1,34	1,40
25	1,65	1,72
26	1,31	1,34
27	1,37	1,41
28	1,35	1,41
29	1,54	1,59
30	1,34	1,41
31	1,51	1,53
32	1,40	1,47
33	1,55	1,59
34	1,46	1,52
35	1,60	1,66
36	1,45	1,46
37	1,59	1,60
38	1,85	1,78
39	0,95	1,04

Aufgabenstellung und Zielsetzung
Untersuchen Sie, ob Ist-Werte "besser" geworden sind
1. Durchgang = 1 Werte, Maßnahme, 2. Durchgang = 2 Werte

Lösung

Schritte	1.	Annahme Treffen: Eine Maßnahme hat keinen Einfluss auf die Schussweite. Dies ist die 0-Hypothese
	2.	Varianzen prüfen, müssen ähnlich sein, da sonst nicht vergleichbar (Augenscheinlich nicht besser/schlechter) (Siehe Ausreißertest)
	3.	Mit Histogramm prüfen, dass etwa Normalverteilung vorliegt (Glockenkurve), somit vergleichbar
	4.	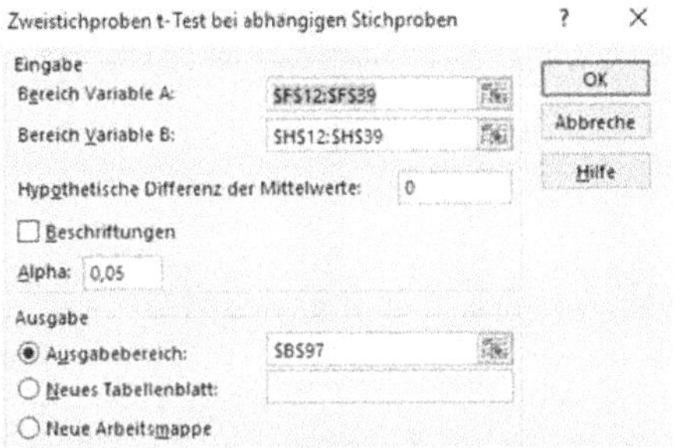 Zweistichproben t-Test bei abhängigen Stichproben Eingabe Bereich Variable A: $SF$12:$F$39 Bereich Variable B: $H$12:$H$39 Hypothetische Differenz der Mittelwerte: 0 ☐ Beschriftungen Alpha: 0,05 Ausgabe ● Ausgabebereich: $B$97 ○ Neues Tabellenblatt: ○ Neue Arbeitsmappe

1. Ist-Weite			2. Ist-Weite	
Klasse	Häufigkeit		Klasse	Häufigkeit
0,95	1		1,04	1
1,13	0		1,18	0
1,31	1		1,33	0
1,49	12		1,48	12
1,67	13		1,63	11
und größer	1		und größer	4

Histogramm 1

Histogramm 2

Dr. C. Hermsen

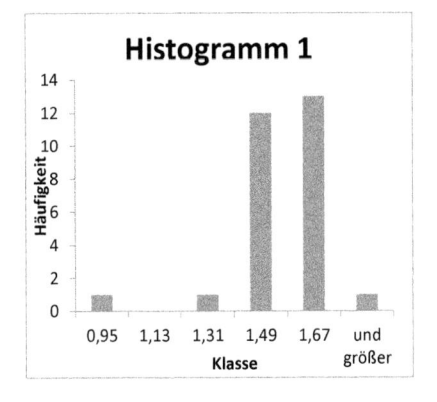

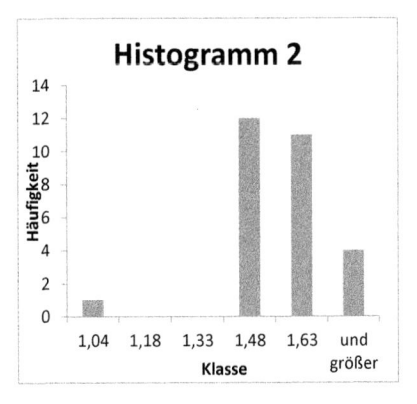

Daten Auswertung	
B	C

88	Varianz 1	0,0238	=VARIANZENA(F12:F39)
89	Varianz 2	0,0205	=VARIANZENA(H12:H39)

91	Hypothetische Differenz = 0	Eingabe, um These zu prüfen 0 = Die Maßnahme hat keine Wirkung.

94	Zweistichproben t-Test bei abhängigen Stichproben (Paarvergleichstest)		
95			
96		Variable 1	Variable 2
97	Mittelwert	1,4628571	1,500045
98	Varianz	0,0246582	0,02127
99	Beobachtungen	28	28
100	Pearson Korrelation	0,9694349	
101	Hypothetische Differenz der Mittelwerte	0	
102	Freiheitsgrade (df)	27	
103	t-Statistik	-5,03876	
104	P(T<=t) einseitig	0,00001	
105	Kritischer t-Wert bei einseitigem t-Test	1,70329	
106	P(T<=t) zweiseitig	0,00003	
107	Kritischer t-Wert bei zweiseitigem t-Test	2,05183	

Erläuterung			
Mittelwert	1,46286	1,50004	Mittelwertvergleich
Varianz	0,02466	0,02127	Varianzvergleich
Beobachtungen	28	28	Anzahl der Werte
Pearson Korrelation	0,96943		Korrelation, 1 = sehr hoher Zusammenh.
Hypothetische Differenz der Mittelwerte	0,00000		These: 0 = keine Wirkung/Differenz
Freiheitsgrade (df)	27,00000		Ist immer Anzahl der Werte
t-Statistik	-5,03876		> 0 = 1. Mittelwert ist größer als 2. < 0 = 2. Mittelwert ist größer als 1.
P(T<=t) einseitig	0,00001		Dieser Wert muss kleiner 0,05 (Alpha) sein, dann liegt eine Veränderung vor. Er muss deutlich kleiner 0,05 sein, um die 0-Hypothese abzulehnen.
Kritischer t-Wert bei einseitigem t-Test	1,70329		Krit. T-Wert muss größer sein, als t-Statistik (C105>C103), dann liegt ein Unterschied vo Also wird 0 Hypothese abgelehnt.

Dr. C. Hermsen

Steuerbare Variablen des Katapultes

3 Steuerbare Variablen des Katapultes

In den bisherigen Versuchen wurden nur die am Katapult vorgegebenen Parameter als Steuerungsvariablen betrachtet.
Insbesondere bei einer genaueren Betrachtung sind weitere Variablen zur Erweiterung des Betrachtungsrahmens mit einzubeziehen.
Nachfolgend sind daher beispielshaft einige aufgeführt.

3.1 Gummiband

Das Gummiband hat eigene und sehr spezifische physikalische Eigenschaften und Verhaltensweisen, welche die Schussweiten beeinflussen. Grundsätzlich sind die Effekte gering, aber nachweisbar. Sobald ein stabiler Prozess erreicht ist und sich der Normalverteilung annähert, kann dies deutlich werden.

Die Elastizität des Gummibandes verändert sich aufgrund des Alters (z.B. Enthaltene Weichmacher diffundieren und das Material wird weniger elastisch) oder der Beanspruchung führt zu Abnutzungseffekten. Je mehr Versuche vorgenommen werden, desto „ausgeleierter" wird das Gummiband und verkürzt damit die Weiten bzw. erhöht die Varianz.

Ebenso verhält sich die mechanische Energie, die durch das Gummiband freigesetzt wird, nicht linear nach dem Zurückziehwinkel. Die freigesetzte Energie steigt überproportional zum Zurückziehwinkel. Die Energie wird also stärker bei größerem Zurückziehwinkel und ist überproportional kleiner bei geringeren Zurückziehwinkeln.

Darüber hinaus wird die Freisetzung davon maßgeblich beeinflusst, wie lange die Spannung aufrechterhalten wird. Wird das Gummiband gespannt und sofort gelöst, wird mehr Energie freigesetzt als wenn die Spannung für ca. 5 Sekunden beibehalten und dann erst gelöst wird.

Ebenso ist die Positionierung des Gummibandes am Katapultturm und Turmbolzen verantwortlich für unterschiedliche Energiefreisetzung. Die Reibung am Turmbolzen oder Katapultturm selber beeinflussen die Energieverteilung im Gummiband und die Verfügbarkeit der Spannungsenergie für den Katapultarm. Zusätzlich bleibt bei hoher Reibung am Bolzen und Turm bleibt weniger Beschleunigungsenergie für das Projektil zur Verfügung.

Erstaunlich war festzustellen, wie hoch der Einfluss der Temperatur auf das Gummiband war. So lange das Katapult im Veranstaltungsraum war und nur die Versuche für eine leichte Erwärmung sorgten, änderten sich die Weiten beim Einsatz des Ersatzgummibandes, welches sich im kalten Kofferraum befanden. Nach 3 Versuchen war dieser Effekt jedoch wieder vorbei, da sich das Gummiband an die Raumtemperatur angepasst hatte.

Je nach Teilnehmern und Zielsetzung der Veranstaltung kann das Gummiband-Problem als Ergänzung einer Veranstaltung bei technisch versierten Teilnehmern eingesetzt werden. Fragestellung hierbei können sein:

- *Wie lassen sich die physikalischen Eigenschaften des Gummibandes steuerbar gestalten?*
  (regelmäßig austauschen, Temperatur prüfen, Reibungen durch Schmiermittel reduzieren, nichtlineare Berechnung für die Energiefreisetzung usw.)
- *Welche Alternativen sind denkbar?*
  Welche Techniken kennen Sie, um eine Kugel durch die Luft zu schießen?
  (Gummiband ersetzen: Einsatz von Metallfedern am Katapult, Drahtseil mit Fallgewicht, Zugkraft durch elektronisch gesteuerten Servomotor usw.)
  (Katapultstruktur verändern, Ziel Ball „schießen": Beschleunigungsrampe, Rohschussgerät u.a.)

Ziel der Fragestellungen: Die Teilnehmer sollen das Thema Re-Design erarbeiten und sich nicht nur auf die Optimierung bestehender Prozesse konzentrieren. So wird der Problemlösungsraum entsprechend erweitert und die Zielerreichung nochmals in den Vordergrund gestellt.

3.2 Katapultstabilität

Grundsätzliche Hilfsmitteln bzgl. der Katapultfixierung wurden bereits angesprochen. Im Rahmen des Re-Designs können geänderte Versuchsaufbauten und die Verbindung der Einzelelemente in einen ganzheitlichen Prozess diskutiert werden.
Das feste verbinden des Katapultes mit der Wurfstrecke ist eine der offensichtlichen Optionen. Darauf aufbauende Möglichkeiten, die als Layoutkonzept erarbeitet werden können sind beispielsweise:

- *Errichtung eines Tunnels über die Weiterampe zur Vermeidung von Einflüssen im Flug und Kanalisierung des Balles am Ende des Tunnels*
- *Tischreihe parallel zu einer Seminarwand ausrichten und daran fixieren*
- *Fixierungshilfen zur stetig gleichen Ausrichtung des Zurückziehwinkels bei gleichzeitig schnellerer Schussweite (Anschlag für Katapultarm beim Zurückziehwinkel)*
- *Befestigung einer Schnur am Katapultarm welcher über 2 Ablenkrollen zum Spannen gezogen wird (Beseitigung von Instabilität durch direktes Bedienen des Katapultarmes*

Sicherheit

4 Sicherheit

Grundsätzlich ist der Einsatz des Katapultes in Veranstaltungen sicher und einfach umsetzbar. Die in dem Katapult erzeugbare mechanische Energie ist jedoch nicht zu unterschätzen. In den letzten Jahren sind bei unseren Veranstaltungen keine Probleme/Verletzungen bei den Teilnehmern entstanden.

Im Rahmen der Prozessstabilität und Analogie zur betrieblichen Praxis sollten Sicherheitsaspekte durchaus mitberücksichtigt werden, um den Praxisbezug zu erhöhen. Insbesondere bei nicht nur technisch, mathematischen Teilnehmern wird damit eine breitere Praxisrelevanz erreicht. Das Thematisieren von Sicherheitsaspekte wird häufig von den Teilnehmern nicht erwartet und unterschätzt, was potentiell passieren könnte.

Empfehlenswert ist die Erweiterung der Teamfragestellung daher zu dem Aspekt der Sicherheit, wenn eine kreative Pause im Teamprozess und Neuordnung der Teamstrukturen erreicht werden möchte.

Fragestellung an die Teilnehmer:

Sie haben den Prozess nun soweit stabilisiert und können nachhaltige Ergebnisse erreichen.

Welche Überlegungen müssen Sie nun mitberücksichtigen, wenn der Prozess in 3 Schichten bei 8 Stunden Dauer an 7 Tagen eingeführt werden soll?

Nun sind die Teilnehmer gefordert. Bewährt haben sich ein moderiertes Brainstorming und anschließende Systematisierung nach den jeweiligen Themenfeldern.

Hierbei sollte, wenn es nicht genannt wird, das Thema Sicherheit sein. Nun können Sie die ev. vorbereitete Schutzausrüstung für jeden Teilnehmer verteilen. Eine einfache Schutzbrille aus Kunstsoff und einfache Arbeitshandschuhe sollten symbolische das Thema Arbeitssicherheit darstellen.

Bei einer Betrachtung des Katapultes und des Gummibandes reicht es häufig völlig aus, die Teilnehmer von Erfahrungen im Haushalt und Privatleben berichten zu lassen, was den Teilnehmern jeweils „einfaches" passiert ist und welche Folgen es jeweils hatte. Ganz nach dem Motto „kleine Ursache, große Wirkung".

Es ist davon abzuraten den Teilnehmern praktisch zu demonstrieren, welche mechanische Energie in dem Katapult zur Verfügung stehen.

Sehr schmerzhaft und problematisch sind Versuche mit dem Gummiband jeglicher Art. Ein gerissenes Gummiband auf ungeschützte Haut kann erhebliche Schmerzen und leichte bis mittlere Verletzungen verursachen.
Wenn das Gummiband bei einem Experiment reißen sollte, sind die Folgen nicht zu unterschätzen. Neben der direkt freiwerdenden Energie ist das herumfliegen von kleinen/kleinsten Gummipartikeln sehr wahrscheinlich. Insbesondere ungeschützte Augenpartien können betroffen sein.
Der vorschnellende Katapultarm hat darüber hinaus erhebliche kybernetische Energie.

Grundsätzliche Sicherheitsregeln:

1. Vorsicht walten lassen!
2. Keine Hektik aufkommen lassen!
3. Jeder Versuch soll bedacht und sicher sein!
4. Keine Panik oder Team-Druck bei den Bedienern zulassen!
5. SICHERHEIT hat immer Vorrang!
6. Gummiband regelmäßig prüfen und auswechseln!
7. Gummiband verliert auch OHNE Nutzung an Elastizität und Verschleißt!
8. Bedienpersonal am Katapult auf die Gefahren hinweisen!
9. Nicht-Bedienpersonal sollte immer ausreichend Sicherheitsabstand vom Katapult einhalten!
10. Bei JEDEM Schussversuch mit dem Katapult sollten ALLE Teilnehmer IMMER hinter dem Katapult mit Sicherheitsabstand vorzufinden sein!
11. Nach JEDEM Versuch die korrekte Einstellung des Katapultes prüfen (Position Gummiband, Arretierbolzen und Ballposition!)
12. Nach 10 Versuchen das Gummiband auf Beschädigungen prüfen. Im Zweifel unverzüglich austauschen!
13. Jeden Versuch überwachen!
14. Keine „eigenen" Experimente in den Pausen zulassen!

5 Excel Anwendungsbeispiele

5 Excel Anwendungsbeispiele

Im Rahmen der nachfolgenden Beispiele sollen die Formeltechnische Umsetzung in Excel nochmals gesondert dargestellt werden.
Dies erlaubt es eine gesonderte Betrachtung auf die Excel-Funktionalitäten der Mikrosoft Anwendung zu legen und ggf. gesondert zu Trainieren.

Diese Übersicht über die verwendeten statistischen Funktionen erlaubt eine gesonderte Betrachtung und kann durch entsprechende Erweiterungen der statistischen Funktionen in Excel eingesetzt werden.

5.1 Excel-Ausreißertest

Excel Modul	1

Excel Mod. 1

Modul	Ausreißeranalyse
Ziel	Bereinigen einer Messreihe um Ausreißer vor der Auswertung
Excel Formeln	=QUARTILE.INKL(x:x;x)

Messreihe/Werte	Ist-Weite
	1,57
	1,44
	1,53
	1,38
	1,50
	1,50
	1,36
	1,60
	1,50
	1,38
	1,58
	1,36
	1,34
	1,65
	1,31
	1,37
	1,35
	1,54
	1,34
	1,51
	1,40
	1,55
	1,46
	1,60
	1,45
	1,59
	1,85
	0,95

Aufgabenstellung und Zielsetzung
Untersuchen Sie die IST-Werte auf Ausreißer, welche nicht in einer Analyse berücksichtigt werden
sollen.
Eleminieren Sie die Ausreißer und starten Sie mit der Analyse

Lösung		
Schritte	1.	Messwerte in C105 ff. eintragen
	2.	Kastengrafik, Boxplot erstellen, inkl. Median
	3.	Quartile 1 und 3 berechnen
	4.	Ober-/Untergrenze berechnen
	5.	Ausreißer ermitteln
	6.	Aus Daten Ausreißer löschen
	7.	Daten weiter auswerten

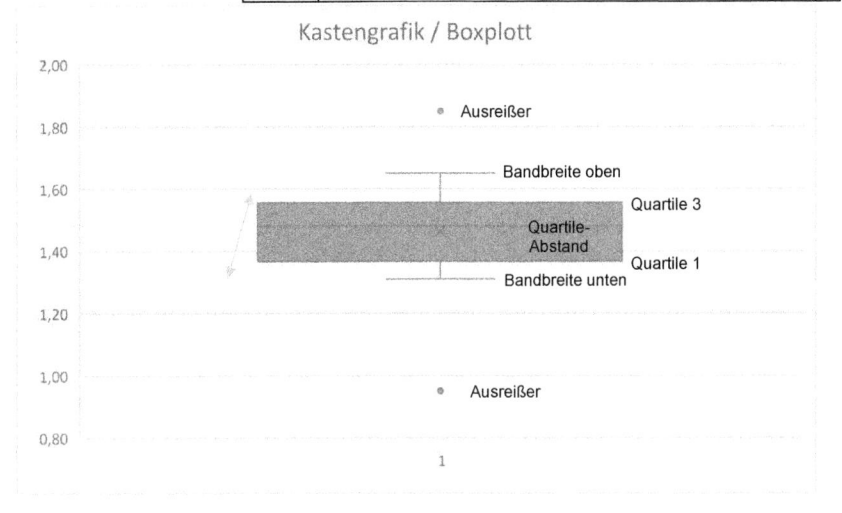

Kastengrafik / Boxplott

- Ausreißer
- Bandbreite oben
- Quartile 3
- Quartile-Abstand
- Quartile 1
- Bandbreite unten
- Ausreißer

Formeln: =QUARTILE.INKL(x:x;x)
Q1 (unten)   =QUARTILE.INKL(x:x;1)   25% der Werte liegen darunter
                                     75% der Werte liegen darüber
Q3 (oben)   =QUARTILE.INKL(x:x;3)   25% der Werte liegen darüber
                                     75% der Werte liegen drunter

Ausreißer lassen sich auch grafisch direkt ableiten.
Mit der Maus den Punkt in der Grafik anwählen.

Aussreißer
Reihen 1 Punkt "1,00"
Wert: 0,95

	C
	Daten Update

Messwert > 1,5 Fache Quartile-Abstand + Boxende = Ausreißer

94	1. Quartile (Q1)	1,3675	=QUARTILE.INKL(C105:C132;1)
95	3. Quartile (Q3)	1,5550	=QUARTILE.INKL(C105:C132;3)

97	Quartile-Abstand	0,1875	=C95-C94
98	Quartile-Abs.*1,5	0,2813	=C97*1,5

100	Grenze "unten"	1,0863	=C94-(C97*1,5)
101	Grenze "oben"	1,8363	=(C97*1,5)+C95

	Ist-Weite	Q1 Test	Q3 Test	
105	1,57	o.k.	o.k.	Q1-Test
106	1,44	o.k.	o.k.	=WENN(C105>$C$101;"Aus.";"o.k.")
107	1,53	o.k.	o.k.	Q3-Test
108	1,38	o.k.	o.k.	=WENN(C105>$C$101;"Aus.";"o.k.")
109	1,50	o.k.	o.k.	
110	1,50	o.k.	o.k.	
111	1,36	o.k.	o.k.	
112	1,60	o.k.	o.k.	
113	1,50	o.k.	o.k.	
114	1,38	o.k.	o.k.	
115	1,58	o.k.	o.k.	
116	1,36	o.k.	o.k.	
117	1,34	o.k.	o.k.	
118	1,65	o.k.	o.k.	
119	1,31	o.k.	o.k.	
120	1,37	o.k.	o.k.	
121	1,35	o.k.	o.k.	
122	1,54	o.k.	o.k.	
123	1,34	o.k.	o.k.	
124	1,51	o.k.	o.k.	
125	1,40	o.k.	o.k.	
126	1,55	o.k.	o.k.	
127	1,46	o.k.	o.k.	
128	1,60	o.k.	o.k.	
129	1,45	o.k.	o.k.	
130	1,59	o.k.	o.k.	
131	1,85	nicht o.k.	o.k.	
132	0,95	o.k.	nicht o.k.	

5.2 Histogramm mit Excel

Excel Modul	2

Excel Mod. 2

Modul	Histogramm

Ziel	Verteilung der Messwerte darstellen

Excel Menü	DATEN, DATENANALYSE, HISTOGRAMM

Messreihe/Werte	F Ist-Weite
13	1,56
14	1,48
15	1,62
16	1,40
17	1,50
18	1,56
19	1,38
20	1,56
21	1,60
22	1,40
23	1,55
24	1,50
25	1,40
26	1,60
27	1,50
28	1,48
29	1,48
30	1,51
31	1,50
32	1,50
33	1,53
34	1,47
35	1,59
36	1,52
37	1,66

Aufgabenstellung und Zielsetzung
Stellen Sie die Messwerte als Histogramm dar.
Beurteilen Sie die Häufigkeitsverteilung und Streuung grafisch.

Lösung

Schritte	1.	Messwerte in C105 ff. eintragen
	2.	Minimum / Maximum ermitteln für Klassenbereiche
	3.	Klassen für Achse ermitteln
	4.	Excel Menü DATENANALYSE
	5.	Excel Menü HISTOGRAMM
	8.	*Histogramm-Dialogfenster mit Eingabebereich $F13:$F37, Klassenbereich $C59:$C73, Ausgabebereich $F55, Option Diagrammdarstellung aktiviert*

	Minimum	1,38	=MIN(F13:F37)
	Maximum	1,66	=MAX(F13:F37)

	Skalierung C	F
		Klasse Häufigkeit
57	1,38	1,38 1
58	1,40	1,40 2
59	1,42	1,42 1
60	1,44	1,44 0
61	1,46	1,46 0
62	1,48	1,48 2
63	1,50	1,50 2
64	1,52	1,52 6
65	1,54	1,54 2
66	1,56	1,56 1
67	1,58	1,58 3
68	1,60	1,60 2
69	1,62	1,62 1
70	1,64	1,64 1
71	1,66	1,66 1
72		
73		und größer 0

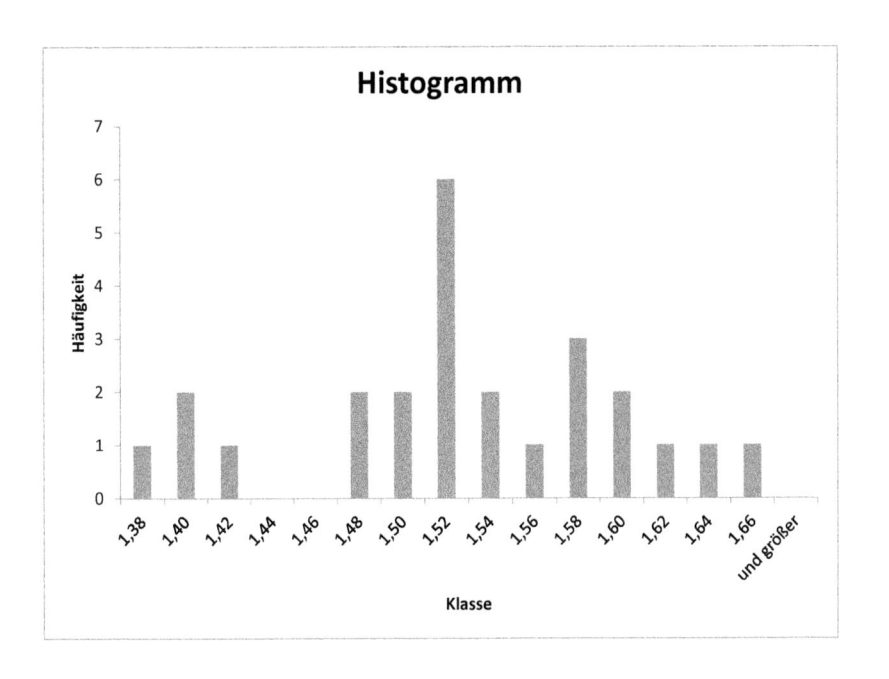

5.3 t-Test mit Excel

Excel Modul	3		Excel Mo 3

Modul	T-Test, abhängig (Paarvergleichstest)

Ziel	Wirkung einer Maßnahme, 1. Vorher, 2. nachher

Excel Menü	DATENANALYSE, ZWEISTICHPROBEN t-TEST BEI ABHÄNG:

	Messreihe/Werte	F 1. Ist-Weite	H 2. Ist-Weite
12		1,57	1,56
13		1,44	1,48
14		1,53	1,62
15		1,38	1,40
16		1,50	1,50
17		1,50	1,56
18		1,36	1,38
19		1,60	1,56
20		1,50	1,60
21		1,38	1,40
22		1,58	1,67
23		1,36	1,37
24		1,34	1,40
25		1,65	1,72
26		1,31	1,34
27		1,37	1,41
28		1,35	1,41
29		1,54	1,59
30		1,34	1,41
31		1,51	1,53
32		1,40	1,47
33		1,55	1,59
34		1,46	1,52
35		1,60	1,66
36		1,45	1,46
37		1,59	1,60
38		1,85	1,78
39		0,95	1,04

Aufgabenstellung und Zielsetzung
Untersuchen Sie, ob Ist-Werte "besser" geworden sind
1. Durchgang = 1 Werte, Maßnahme, 2. Durchgang = 2 Werte

Lösung

Schritte	1.	Annahme Treffen: Eine Maßnahme hat keinen Einfluss auf die Schussweite. Dies ist die 0-Hypothese
	2.	Varianzen prüfen, müssen ähnlich sein, da sonst nicht vergleichbar (Augenscheinlich nicht besser/schlechter) (Siehe Ausreißertest)
	3.	Mit Histogramm prüfen, dass etwa Normalverteilung vorliegt (Glockenkurve), somit vergleichbar
	4.	

1. Ist-Weite

Klasse	Häufigkeit
0,95	1
1,13	0
1,31	1
1,49	12
1,67	13
und größer	1

2. Ist-Weite

Klasse	Häufigkeit
1,04	1
1,18	0
1,33	0
1,48	12
1,63	11
und größer	4

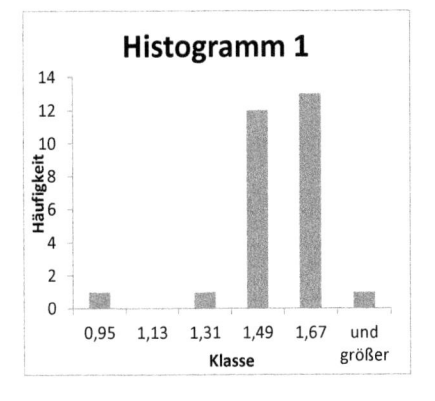

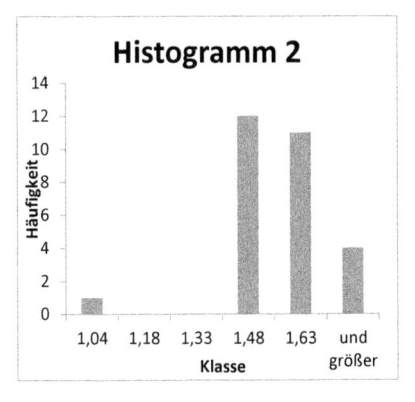

Histogramm 1

Histogramm 2

Dr. C. Hermsen

Daten Auswertung

	B	C	
88	Varianz 1	0,0238	=VARIANZENA(F12:F39)
89	Varianz 2	0,0205	=VARIANZENA(H12:H39)
91	Hypothetische Differenz = 0		Eingabe, um These zu prüfen 0 = Die Maßnahme hat keine Wirkung.

94	Zweistichproben t-Test bei abhängigen Stichproben (Paarvergleichstest)		
95			
96		Variable 1	Variable 2
97	Mittelwert	1,4628571	1,500045
98	Varianz	0,0246582	0,02127
99	Beobachtungen	28	28
100	Pearson Korrelation	0,9694349	
101	Hypothetische Differenz der Mittelwerte	0	
102	Freiheitsgrade (df)	27	
103	t-Statistik	-5,03876	
104	P(T<=t) einseitig	0,00001	
105	Kritischer t-Wert bei einseitigem t-Test	1,70329	
106	P(T<=t) zweiseitig	0,00003	
107	Kritischer t-Wert bei zweiseitigem t-Test	2,05183	

Erläuterung

Mittelwert	1,46286	1,50004	Mittelwertvergleich
Varianz	0,02466	0,02127	Varianzvergleich
Beobachtungen	28	28	Anzahl der Werte
Pearson Korrelation	0,96943		Korrelation, 1 = sehr hoher Zusammenh.
Hypothetische Differenz der Mittelwerte	0,00000		These: 0 = keine Wirkung/Differenz
Freiheitsgrade (df)	27,00000		Ist immer Anzahl der Werte
t-Statistik	-5,03876		> 0 = 1. Mittelwert ist größer als 2. < 0 = 2. Mittelwert ist größer als 1.
P(T<=t) einseitig	0,00001		Dieser Wert muss kleiner 0,05 (Alpha) sein, dann liegt eine Veränderung vor. Er muss deutlich kleiner 0,05 sein, um die 0-Hypothese abzulehnen.
Kritischer t-Wert bei einseitigem t-Test	1,70329		Krit. T-Wert muss größer sein, als t-Statistik (C105>C103), dann liegt ein Unterschied vo Also wird 0 Hypothese abgelehnt.

5.4 Regressionsanalyse mit Excel

Excel Modul	4

Excel Mod. 4

Modul	Regression, linear

Ziel	Zusammenhang von (einem) Parameterveränderung

Excel Menü	Trendlinie hinzufügen...

	1. Versuchseinstellungen			F 1. Versuch Ist-Weite
14	1	ZW	12	
15	2	ZW	10	
16	3	ZW	8	

1. Aufgabenstellung und Zielsetzung
Führen Sie 3 Versuche durch.
Errechnen Sie die lineare Regressionsgrade

	2. Versuchseinstellungen			2. Versuch Ist-Weite
26	1	ZW	6	
27	2	ZW	5	
28	3	ZW	4	

2. Aufgabenstellung und Zielsetzung
Führen Sie 3 Versuche durch
Vergleichen Sie die Ist-Werte mit den errechneten Prognosewerten
Analysieren Sie die Abweichung

Lösung

		F	E
			1. Versuch
	1. Versuchseinstellungen		Ist-Weite
51	1	ZW	12	1,80
52	2	ZW	10	1,60
53	3	ZW	8	1,40

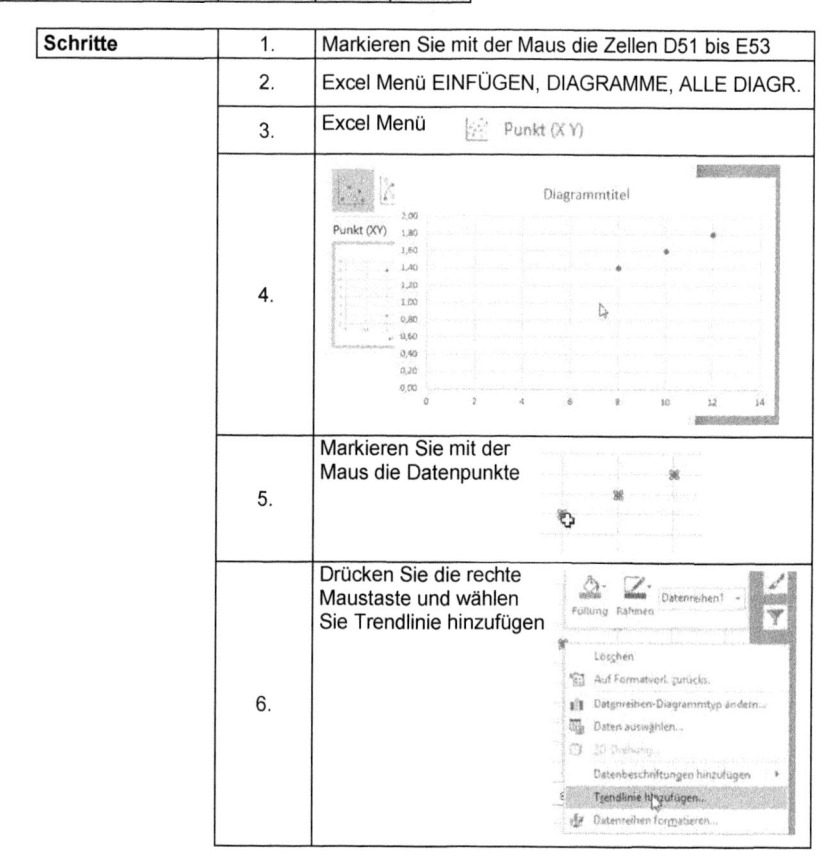

Schritte		
	1.	Markieren Sie mit der Maus die Zellen D51 bis E53
	2.	Excel Menü EINFÜGEN, DIAGRAMME, ALLE DIAGR.
	3.	Excel Menü Punkt (X Y)
	4.	
	5.	Markieren Sie mit der Maus die Datenpunkte
	6.	Drücken Sie die rechte Maustaste und wählen Sie Trendlinie hinzufügen

Dr. C. Hermsen

120

7.	Wählen Sie nun LINEAR an und geben Sie bei VORWÄRTS 5 ein und bei RÜCK-WÄRTS 5 ein Bestätigen Sie FORMEL IM DIAGRAMM ANZEIGEN	
8.	Berechnen Sie die Weiten für die ZW 6,5 und 4	
9.	Vergleichen Sie die berechneten Weiten mit den IST-Weiten	

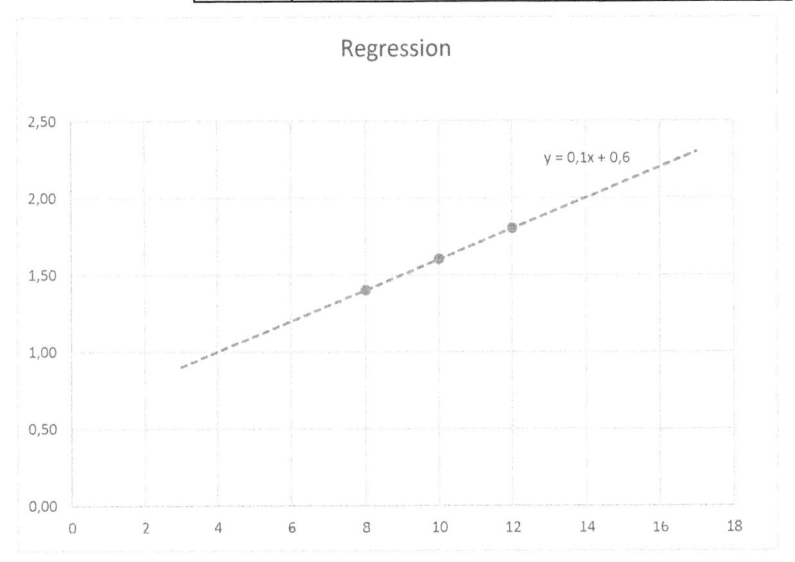

Regression

y = 0,1x + 0,6

	C	D
	Daten Berechnung	
94	Formel aus Grafik	y = 0,1x + 0,6
95	Formel in Excel	=0,1*ZW+0,6

2. Versuch

				Weite Berechnung		Ist- Weite	
99	1	ZW	6	1,20		1,19	=0,1*D99+0,6
100	2	ZW	5	1,10		1,10	=0,1*D100+0,7
101	3	ZW	4	1,00		0,98	=0,1*D101+0,8

Abweichungsanalyse

Diverse Methoden einer Abweichungsanalyse sind möglich.
Grundsätzlich sollen Prozessverbesserungen und Modifikationen
der Regressionsgrade die beliebig ermittelte Abweichung der Prognosewerte
reduzieren.
Klassisch können Varianzanalyse, Mittelwertabweichung, %-Abweichung
usw.
eingesetzt werden.
Auf die angegebene Literatur sei verwiesen.

Beispiele

Weite Berech.	2. Versuch Ist- Weite	Abweichung der ermittelten Weite		
1,20	1,19	Berech.	Mittelwert	1,1000
1,10	1,10	Ist	Mittelwert	1,0900
1,00	0,98			
		Berech.	Varianz	0,0067
		Ist	Varianz	0,0074

Siehe auch Kovarianz und Korrelation

Erläuterung	
B	C

Exponential

137		
138	=0,8491*EXP(0,0628*B143)	
139	=0,8491*2,71^(0,0628*B143)	

e = EXP(..) = 2,71828

142	ZW	Weite Berech.
143	6	1,24
144	5	1,16
145	4	1,09

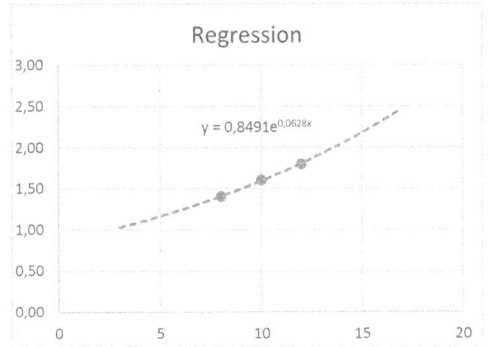

Regression

$y = 0,8491e^{0,0628x}$

Linear

150	
151	=0,1*B156+0,6

155	ZW	Weite Berech.
156	6	1,20
157	5	1,10
158	4	1,00

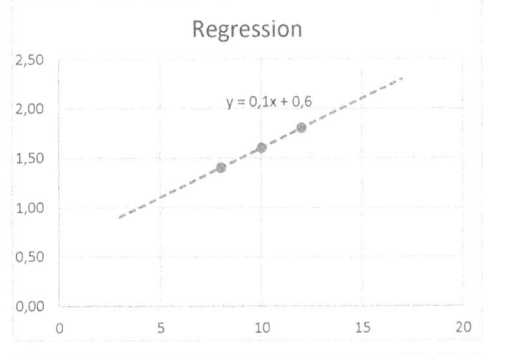

Regression

$y = 0,1x + 0,6$

Logarithmisch

163	
164	=0,9832*LN(B169)-0,6505

168	ZW	Weite Berech.
169	6	1,11
170	5	0,93
171	4	0,71

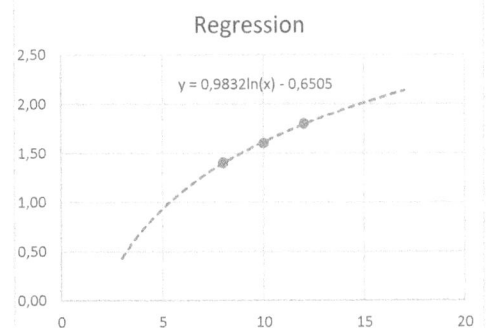

Regression

$y = 0,9832\ln(x) - 0,6505$

Dr. C. Hermsen

Polynomisch

176		
177	=4*10^-16*B182+0,1*B182+0,6	

181	ZW	Weite Berech.
182	6	1,20
183	5	1,10
184	4	1,00

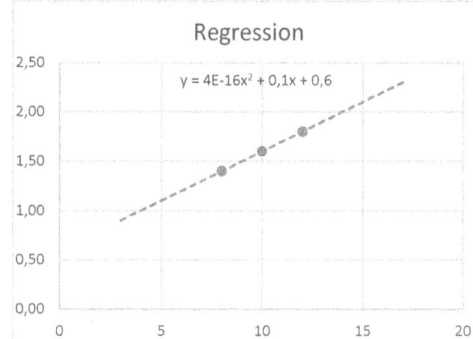

Regression

$y = 4E-16x^2 + 0,1x + 0,6$

Potenz

189		
190	=0,3859*B195^0,619	

194	ZW	Weite Berech.
195	6	1,17
196	5	1,05
197	4	0,91

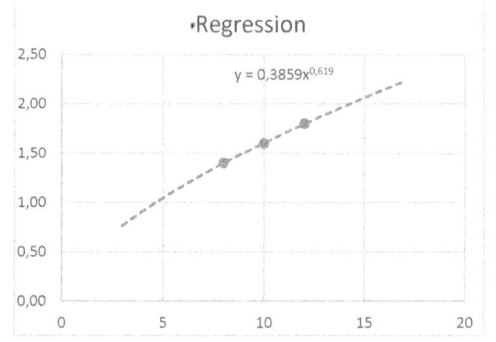

·Regression

$y = 0,3859x^{0,619}$

5.5 Korrelation mit Excel

Excel Modul	5		Excel Mo 5

Modul	Korrelation

Ziel	Vergleich Prognoseweiten (Regression) und Ist-Weiten

Excel Menü	DATENANALYSE, KORRELATION

	C	D	
	Weite Berech.	2. Versuch Ist-Weite	
14	1,20	1,19	Berechnete Weite Regression
15	1,10	1,10	Katapult IST-Weite
16	1,00	0,98	

Aufgabenstellung und Zielsetzung
Berechnen Sie die Korrelation als eine Möglichkeit der Abweichungsanalyse

Lösung

Schritte	1.	Excel Menü DATENANALYSE, KORRELATION
		Excel Eingabe
	2.	Eingabebereich: $C$14:$D$16 Geordnet nach: ● Spalten ○ Zeilen ☐ Beschriftungen in erster Zeile Ausgabe ● Ausgabebereich: $C$55 ○ Neues Tabellenblatt: ○ Neue Arbeitsmappe

	C	D
	Spalte 1	Spalte 2
54		
55	Spalte 1	1
56	Spalte 2	0,99662	1

Abweichungsanalyse
Das Ergebnis zeigt die Korrelation der Spalte 1 und 2 in einer Matrix an.
Hier ist C56 aussagefähig.
1 = perfekter Zusammenhang
0 = KEIN Zusammenhang

Literaturverzeichnis

Auer, R. B. (2014)
    Statistik und Ökonometrie für Wirtschaftswissenschaftler: Eine anwendungsorientierte Einführung, Wiesbaden 2014, Springer

Backhaus, K., Erichson, B., Plinke, W., Weber, R. (2006)
    Multivariate Analysemethoden: Eine anwendungsorientierte Einführung, 11. Ausg., Berlin 2006, Springer

Bohley, P. (1996)
    Statistik: Einführendes Lehrbuch für Wirtschafts- und Sozialwissenschaftler, 6. Ausgl, München 1996, Oldenburg

Brüggemann, H., Bremer, P. (2015)
    Grundlagen Qualitätsmanagement, 2., überarbeitete und erweiterte Auflage, Wiesbaden 2015

Bücker, R. (2014)
    Statistik für Wirtschaftswissenschaftlicher, 5., Aufl., Berlin 2003, DeGruyter

Heinrich, G. (2018)
    Basiswissen Mathematik, Statistik und Operations Research für Wirtschaftswissenschaftler, 6., Überarb. Aufl., Berlin 2018, DeGruyter

Hermsen, C. (2020)
    Qualitätsmanagement und Statistik in der Praxis – Design of Experiment (DOE) und das Katapult, www.interquality.de

Hüttner, M. (1986)
    Prognoseverfahren und ihre Anwendung, Berlin 1986, de Gruyter

Leonhart, R. (2017)
    Lehrbuch Statistik: Einstieg und Vertiefung, 4., aktual. und erg. Aufl, 2017, Göttingen 2017, Hogrefe

Mason, R. D., Lind, D. A., Marchal, W. G. (1999)
    Statistical Techniques in Business and Economics, 10. Ausg., Boston 1999, McGraw-Hill

Microsoft Excel 2016 (2019)
    Microsoft Corporation Redmond 2019

Russel, B. (2009)
    Learning Statistics – Using the Catapult, 5. Auflage, Dallas/TX 2009, Breakthrough Improvement Associates

Stier, W. (2001)
    Methoden der Zeitreihenanalyse, Berlin 2001, Springer

Treyer, O. A. G. (2018)
　　Business Forecasting, Bern 2018
Urban, D., Mayerl, J. (2008)
　　Regressionsanslyse: Theorie, Technik und Anwendungen, 3. Ausg., Wiesbaden 2008, VS Verlag